目次

I 行政と法

第一章 行 政 法 2
第一節 行政法学の対象 2
第二節 行政法の内容的特質 6
第三節 行政法の法源 8
◇補論 告 示 14
第四節 行政法の種別 15
第五節 行政法における統一的法典の欠如 17
第二章 公法と私法 19
第一節 公法・私法区別論の問題性 19
第二節 行政上の法関係 21
第三節 公法・私法区別論の論理構造 23
第四節 公法・私法区別論の意義と問題点 26

第五節　行政上の法関係と適用法規……29
◇補論　訴訟形式と公法・私法区別論 33

Ⅱ　行政活動の一般的規制原理

第三章　法治主義――38
第一節　明治憲法下における法治主義……38
第二節　現行憲法下における法治主義……43
第三節　行政と憲法……58
第四章　信頼保護――59
第一節　問題の所在……59
第二節　信頼保護の要件……62
第三節　信頼保護のための措置……66
第五章　行政裁量――68
第一節　行政裁量の観念……68
第二節　行政裁量の存在形態……69
第三節　行政裁量の種別……72
第四節　羈束裁量と自由裁量……74

第五節　裁量の踰越濫用の審理と基準……81
第六節　裁量基準の定立と司法審査……86

Ⅲ　行政組織

第六章　行政機関――90
第一節　行政機関の概念……90
第二節　行政機関の種別……92
第三節　合議制行政機関……94

第七章　行政機関相互の関係――97
第一節　行政機関の権限とその行使……97
第二節　行政機関の権限行使の監督……98
第三節　行政機関の権限の代行……102
第四節　行政機関の協働……108

Ⅳ　権力的行政活動

第八章　行政による規範定立――112
第一節　行政機関による規範定立の概念と必要性……112
第二節　法規命令……114

第三節　行政規則……118
第四節　その他の規範……119
第九章　行政行為（行政処分）――122
第一節　行政行為の概念……122
第二節　行政行為の類型……127
◇補論　届出制・登録制　135
第三節　行政行為の成立と告知による効力の発生……141
第四節　行政行為の効力……145
A　拘束力　146
B　公定力　146
C　執行力　151
D　不可争力（形式的確定力）　152
E　不可変更力　152
第五節　当然無効の行政行為……154
A　取消可能な行政行為と当然無効の行政行為　154
B　当然無効の意義　156
C　当然無効の基準　158

第六節　行政行為の職権取消……166
A　職権取消の概念と問題性　166
B　授益的行政行為の職権取消　168
C　侵害的行政行為の職権取消　172
D　争訟裁断行為等の職権取消　173
第七節　行政行為の撤回……174
A　行政行為の撤回の概念と性質　174
B　授益的行政行為の撤回　176
C　侵害的行政行為の撤回　180
D　撤回の手続　182
E　撤回に対する補償　182
第八節　行政行為の付款……184
A　付款の概念　185
B　付款の種別　185
C　付款の許容性と限界　189
D　機能的付款論　191
E　違法の付款　193
第一〇章　行政上の強制執行——196

第一節　行政上の強制執行の概念と種別……196
第二節　行政上の強制執行の法的根拠……200
第三節　行政上の代執行……201
第四節　その他の問題点……205
第一一章　行政上の即時強制 208
第一節　行政上の即時強制の概念と種別……208
第二節　行政上の即時強制と行政上の強制執行……210
第三節　行政上の即時強制の法的統制と救済……212
第一二章　行政上の制裁 214
第一節　行政罰の概念と種別……214
第二節　行　政　刑　罰……216
第三節　秩序罰たる過料……219
第四節　その他の制裁……219

V　非権力的・補助的行政活動

第一三章　行　政　計　画 224
第一節　行政計画の概念と種別……224

第一章　行　政　法

第一節　行政法学の対象

1　行政法の定義

行政法学の対象は、行政法であるということができる。そして、行政法とは、大雑把には、行政に関する法である。ここでいう行政とは、形式的意味での行政、すなわち、国や地方公共団体などの行政体（行政主体）(1)によって行われる活動を指す。したがって、行政法とは、この行政体の活動に関する法だということになる。

しかし、厳密にいうと、この形式的意味での行政に関する法のすべてが行政法学の対象としての行政法ではない。つまり、国や地方公共団体の行政活動にはさまざまな法が適用されるのであり（例、民法）、行政法はそうした行政に適用される法の一部にすぎないのである。そこで、行政法は、厳密には、行政に固有または特有の国内公法と定義される。

この定義において、行政法が「国内」公法とされているのは、国際公法からの行政法の区別を意図したものであり、行政法が「公法」とされているのは、行政法を私法から区別することを意図したものである。私法も行政に適用されるものであるため、私法学に対する行政法学の独自性を主張するためには行政法を私法から区別する必要があったのである。行政法が、「行政に固有または特有の法」とされているのは、行政法を、等しく国内公法である憲法から区別するためである。

遅れて形成されてきた行政法学が、既存の法律学諸部門に対抗して自らの独自性を主張するためには、まず、その対象について、独自のものをもっていることを宣言する必要があったのである。

2　行政法の範囲

行政法は右のように定義されるが、ただ、これについては次のことに注意をしておく必要がある。

第一に、「行政に固有または特有の法」の意味について、もっぱら行政に関わる法という意味に解する説明がある。これによると、行政事件訴訟法は司法に関する法であり、行政に関する法ではないとされる（杉村・講義上巻二四頁）。たしかに、行政事件訴訟法は、裁判所が主体となって行う訴訟を規律する法であり、この意味では、行政法というよりは司法法である。

しかし、「行政に固有または特有の法」の意味をもっぱら行政に関わる法あるいは行政によって適用される法という意味に解し、例えば行政事件訴訟法を司法に関する法であるがゆえに行政法ではないとすることは、行政法学の対象を過度に狭くとらえることになり、適切な理解とは思われない（広岡・総論一三～一四頁を参照）。「行政に固有または特有の法」とは、行政を行政としてその特殊性において規律する法と解するべきであろう。

このように行政法をとらえると、ある法は、行政法学の考察の対象となると同時に、他の法学部門の研究の対象ともなる。

従来、行政法は憲法・刑法・国際法・私法などから区別されてきたのであるが、まず、憲法についてみれば例えば内閣に関する規定は、憲法であると同時に、行政法としての性格をもっている（憲法とは法形式のランクを示す観念であり、これに対し、行政法は規律の対象ないし内容に関する観念である）。したがって、こうした規定は、憲法学の対象であると同時に、行政法学の対象でもある（この点につき、本章第三節注1、一三頁を参照）。同様に、行政刑罰に関する法は、近年刑法学者によって多く論じられており、刑法としての性格をもつが、同時に、行政法としての性格をもっている。この他、公務員法は、行政法学の対象であると同時に労働法学の対象でもある。また、税法は、もともと行政法学の対象であったが、今日では、税法学も独立するに至っている。社会保障法は、わが国では沿革的に労働法学者によって主として論じられてきたが、行政法学の対象でもある。

前述のような行政法の定義は、行政法学の固有の対象を宣言するという意味があったのであるが、今日では、他の法律学の守備範囲とされているものであっても同時に行政法学の対象とすることは妨げられないし、逆に、行政法学の対象である行政法は排他的に行政法学の対象ではないのである。

なお、地方自治法は、条例制定すなわち立法に関する法をも含むことから、行政法ではなく、ただ、地方自治法学が未確立の現状の中で便宜的に行政法に含められてきた（杉村・講義上巻一二頁注1を参照）。もっとも、地方自治法のかなりの部分は、行政活動に関する法である。また、民商法はそれ自体は行政法ではないが、公益法人の許可に関する民法三四条のように行政法としての性格をもつものがある。

3　行政法学の対象

もう一つ、前記の行政法の定義に関して注意する必要があるのは、行政法学の対象としての行政法の範囲を画するにあたって、通例はもっぱら成文の法規範とくに制定法（そのうちでもとくに法律）が問題とされているが、これは狭すぎることである。妥当すべき不文の法原則も行政法学の対象に含まれる。また、行政活動の中には、私法に基づいて行われるものや、既存の法の予定しないもの、したがって、法律の根拠もなく直接に法令の規制も受けないものがある（例えば行政計画、行政指導、行政調査の中にはこのようなものがある。これらについては、V（第一三章以下）で説明する）。このような活動も、行政法的な規制を及ぼすべきものとして行政法学の対象とすべきである。この意味で、行政法学の対象は、行政法というよりは、行政に関する法現象あるいは直截に行政活動が行政法学の対象ということができる（もちろん、いうまでもなく、それは法律論のレベルにおいてである）。

（1）行政法学上、行政活動を行う国や都道府県・市町村などをさして、行政主体と呼ぶのが通例である。ただ、この行政主体の観念は、行政客体の観念と対になっているが、国民を行政客体と呼ぶことは、国民主権のもとでは適切ではないとも考えられる。そこで、本書では、行政主体の語に代え、行政体の語を用いることにしたい。

なお、本書では、この行政体についてはとくに章または節を割いて説明をしないので、ここで簡単に行政体について説明をしておこう。

行政体として最も重要なものは、国、都道府県、市町村である。また、都（東京都）の特別区も市町村に劣らず重要である。都道府県と市町村は、地方自治法上、普通地方公共団体と呼ばれ、特別区は、特別地方公共団体の一つとされている。

この他、行政体として、いわゆる特殊法人（例、日本郵政公社、住宅金融公庫）、組合員によって構成される社団法人たる公共組合（例、土地区画整理組合、健康保険組合、国家公務員共済組合）および独立行政法人（例、独立行政法人大学入試センター、独立行政法人国立博物館、独立行政法人航空大学校）がある。もっとも、これらの中には、行政を行う団体とみることが必ずしも適切ではないものがある。

第二節　行政法の内容的特質

行政法の内容的特質の問題は、次章で述べる公法・私法区別論の一つの論点に関わる問題であるが、ここで述べておくことにしたい。

1　公益優先性・公権力性

従来、行政法は行政に固有の公法とされ、その内容として、「法律関係の当事者の一方に公権力の行使とこれに伴う特殊な効力を認める法、および、行為自体は……公権力の行使たる行為ではないが……公益保護の見地から、私人相互間の利害調整の見地をこえる特殊な規律を定める法」（杉村・講義上巻二〇頁）といわれる。

たしかに、行政活動につき、公益保護の見地から特殊の規律がおかれ、さらにその目的達成のために公権力の行使が認められることは少なくない。例えば土地収用法は、公共的性格をもつとされる事業の達成のために必要な土地所有権その他の私権の強制的な取得について定める。また、国有財産法上、普通財産（行政財産以外の財産）について貸付が認められるが、貸付期間中に公の用に供する必要が生じたときは貸付契約を解除できるものとされているし、行政財産（主として特定の行政目的の達成のために用いられている財産）の私人による使用については、使用許可という権力的行為形式が定められている。

これらの例においては、公益の保護が図られ、また、そのために公権力の行使が認められている。このような公益優先性や公権力性は、私人間での利害調整の法である私法にはみられない特質であり、したがって、これらの特質を内容とする法を、私法と区別して、公法と呼ぶことは不可能ではない。

しかし、前述の意味での行政法はこのような内容の公法に尽きるものではない。

2　行政法の多様性

行政法の内容は、公益優先性や公権力性に尽きるものではない。

第一に、行政法の中には、行政に対し、とくに厳しい規律を加えようとする法もある。例えば行政の意思決定に際し特別の手続（聴聞・公聴会・理由付記など）を定める法もあれば、国家賠償法二条のように行政体の無過失責任を定めるものがある。また、情報公開制度は、行政体に特別の義務を課するものである。

第二に、行政は、私益と次元を異にする公益のみの実現を追求するものではない。例えば社会保障行政は、個人の福祉の向上を目標とするものである。また、土地収用は、本来、公益の実現に資する事業のために行われるものであるが、近年では個々の市民のための住宅建設を目的とする収用も認められるようになっている（私的公用収用）。

このような行政に関する法も行政法である。要するに、行政を行政として扱う法が行政法である。行政法の特質を公権力性や公益優先性に見出すだけでは不十分であるといわなければならない。行政法の特質は、行政活動の多様性に応じて、多様であり、したがって、行政法の特質をそれぞれの法に即して具体的に検証し、それにふさわしい法理を形成してゆくことが必要であろう。例えば社会保障行政においては、生存権の実現がその基本的価値である。

3　行政法＝公法？

行政法＝公法という把握は、一つには、行政法に内容ないし性格づけを与えようとするものであった。しかし、現代における行政法の多様性は、伝統的な公法概念によっては的確に特徴づけることはできない。たしかに、行政法の多様性を考慮して公法の概念を新たに構成することはできる。しかし、そのような公法概念により行政法を性格づけても、それは、行政法の多様性から直接に行政法を性格づけるのと、何ら変わるものではない。むしろ、それは余分市計画の告示＝都市計画二〇条一項）、行政指導の基準（国民生活安定四条四項・九条四項に基づき主務大臣が行う標準価格の決定の告示）について行われる他、法規範性が問題となるような一般的な規定についても行われる（生活保護基準の告示＝生活保護八条一項、環境基準に関する告示＝環境基本一六条一項、小・中・高校の学習指導要領の告示＝学校教育二〇条・三八条・四三条、保険医療費決定の告示＝健保七六条第二項、麦の政府買入価格を定める告示＝主要食糧四一条四項。ただし、これらの規定の多くにおいては、告示の形式は定められていない）。

告示の内容が一般的規定である場合、それが法的拘束力をもつかどうか、つまり法規範であるかどうかが問題になる。告示は、法源のリストには挙げられていないので（九頁以下を参照）、当然に法的拘束力がある法規範であるとはいえない。しかし、法規範を定める権能は国会固有のものであると考えられるので、告示を発するについて法律の委任があれば、当該告示の法的拘束力、法規範性を認める余地が生まれると解される（実務上、告示は、法律の委任は不要で（さらに省議も不要）、効力は省令に劣るとされているようである）。

他方、法律の委任があっても必ずしも法的拘束力が認められるものではない（例、学習指導要領、環境基準）。告示の中には、裁量基準（生活保護基準）や契約基準（医療費基準、麦の買入価格）とみることができるものがある。

第四節　行政法の種別

ここで、行政法の種別について簡単にみておこう。

(1)　組織法・作用法・救済法　　行政法の教科書は、通例、この種別に従って書かれている。組織法とは、行政体の組織の構成および各組織への権限の配分に関する法であり、作用法とは、行政体によって行われる作用ないし活動に関する法であり、救済法とは、違法な行政活動などの是正およびそれによる損害の金銭的救済に関する法である（本書の主たる内容は作用法であり、その説明のために最少限必要な組織法についてもふれる。救済法については、芝池・救済法にゆずる）。

(2)　実体法・手続法　実体法とは、実体的な権利・義務や行政行為などの効力などに関する法である。これに対し、手続法とは、行政活動に関する法から実体法を除いたものである。この手続法は、さらに、行政決定の前の手続と後の手続のいずれに関わるかにより、事前手続法と事後手続法とに分けることができる。事後手続法には、さらに、訴訟手続に関する法と行政不服申立に関する法（あわせたものが行政争訟法である）とがある。

(3)　授権規範（根拠規範）**・規制規範**　この区別は、行政法上、大きな意味をもつ。すなわち、法治主義原則により、一定の行政活動を行うためには法律の授権が必要であるが、このような授権を与える法規範を授権規範という。これに対し、規制規範とは、行政活動の規制のための法規範である。

授権規範となることができるのは、どのような規範かという問題がある。法律および条例はこの授権規範たり得るが、命令は授権規範たり得ない。これに対し、命令を含め法規範は一般に規制規範となる。(1)

(4)　強行規範・任意規範　強行規範とは、当事者の意思いかんを問わず適用される規範であり、任意規範とは、当事者の意思によって適用を排除することが認められる規範である。そして、私法の分野では、法規範は原則として任意規範であり（私的自治の原則）、例外的に強行規範があるにとどまる（例えば利息の上限に関する規定）が、これに対し、行政法の分野では強行規範が原則である。許認可制などの適用を免除することは、法律上認められていないかぎりできない。

(1) 学説上、行政法について、組織規範、根拠規範、規制規範の三分類がとられることがあるが(広岡・総論三一頁、塩野・行政法Ⅰ六四頁)、まず組織規範と作用規範とを区別し、作用規範について根拠規範(授権規範)と規制規範とに区別することが適切であると思われる。

第五節　行政法における統一的法典の欠如

行政法の領域では、統一的法典が欠如しているといわれる。このことがいわれる場合、むろん、各行政分野の法律をすべて包摂するような法典が考えられているのではない。指摘されているのは、民法総則に対応するような、行政法全般にわたる通則的規定の集成である。

もっとも、統一的な法典は存在しないが、一般的規定は存在している。国家賠償法・行政事件訴訟法・行政不服審査法・行政手続法がその例である。財政法や会計法も一般法といえる。さらに、地方自治法も、地方自治に関する一般法典である。

統一的法典の欠如がいわれるとき、主要に考えられているのは、作用法の領域であろう。ここでも、会計法や行政代執行法のような一般的法律も存在しているが、最も主要な行為形式である行政行為の実体的側面については、一般的法律は存在しない。

行政作用が多様であり変化に富んでいること、また、これに対応して行政法理論も確固とした内容をもつことが容易ではないことに照らすと、実体作用法に関する法典の制定は困難であろう。ドイツの連邦行政手続法は、行政行為や行政契約についても規定をおいたが、この点については、ドイツでも批判がある。これに対し、手続法の法典化の例は諸外国にみられたが（とくにアメリカ・ドイツ）、わが国においても、一九九三年に「行政手続法」が制定され、一定の限界内においてであるが、手続法の統一的法典化が実現された（行政手続法については、第一七章、二七六頁以下で述べる）。

なお、統一的法典化とは次元を異にするが、各行政分野での法律の整備も必要なことである。例えばわが国では、公害・環境行政や社会保障行政の分野の法律は、不必要と思えるほどに分散している。社会保険の分野での制度の分散に対しては、かねてから批判があるところである。個々の制度間での差異には合理性が認められる場合もあるが（例えば大気汚染防止法や水質汚濁防止法では都道府県知事に権限が付与されるのに対し、騒音規制法や振動規制法では、市町村長に権限が付与されるごとし）、全体としては、法律の整理統合が望まれる。これにより、法律間でのずれの是正が図られ、また、国民にとっては、制度をよりよく見通せることになるであろう。

第二章　公法と私法

第一節　公法・私法区別論の問題性

1　行政法における公法・私法区別論の意義

「公法と私法」という問題は、一国の法秩序全体に関わる問題として論じられることがある。そこでは、憲法や刑法、訴訟法が公法とされ、民法や商法が私法とされる。この意味では、行政法は公法ということになるが、行政法における「公法と私法」の論議は、こうした法の分類にとどまらない特別の意味をもっている。行政法における「公法と私法」の区別論は、次の三つの意義がある。

(1)　行政法学の対象の画定ないし性格づけ

(2)　行政上の法関係ないし行政活動への適用法規の決定

(3)　訴訟手続の決定

2　行政法学の対象としての公法

まず、前述のように、行政法学の対象である行政法は公法と把握されている。すなわち、公法の観念は、行政法学の対象を画定するという意味をもっているのである。その際、前述のように、この観念には一定の内容がこめられているのであるが、しかし、行政法はその内容において多様であり、行政法を先験的に公法と性格づけることはできない（第一章第二節、六〜七頁を参照）。したがって、行政法学の対象を設定するにあたって、公法の観念によって、行政法に一定の性格づけを与えることは必要でもないし可能でもない。行政法とは「行政に特有の法」と解すれば足りるのであり、私法は当然そこに含まれないのである。

さらに、ここでつけ加えておけば、私法関係ないし私法上の活動を行政法学の考察の対象からはずすことは適切ではない。これらに対しても行政法的統制を及ぼすことが必要と考えられる場合もある（例、国有林の管理）。この点では、行政法学の対象を公法に限定することは有害ですらあるのである。

3　適用法規と公法・私法区別論

次に、行政上の法関係ないし行政活動への適用法規を決するために公法と私法の区別が行われる。例えば行政に固有の法がある場合、その適用範囲が問題となるし（例、消滅時効に関する会計法三〇条）、また、行政に固有の法がない場合、私法法規の適用があるかどうかの問題がある（例、錯誤に関する民法九五条、登記に関する民法一七七条）。この適用法規の問題が生じるのは、そもそも行政上の法律問題について適用されるべき完結的な行政法というものを考えることができず、私法の適用が必要となるためである。

これらの場合に、公法規範（ないし原理）と私法規範、公法関係と私法関係とを区別し、公法規範と公法関係とを結びつけ私法規範と私法関係とを結びつけるというのが、公法と私法の区別に立つ考え方である。この適用法規の問題は、行政上の法律問題について私法の適用をどこまで認め、どの範囲で行政に特有の法の適用を認めるかというすぐれて法解釈的な問題であり、この問題に対する解答はそれぞれの国の法秩序のあり方により異なる。その意味でこ的には非権力的ないし私法的手段が用いられる。これらの個々的な行為に、それらを包摂する法関係の性質からストレートに私法原則が適用されるとか、あるいは、適用されないということはできない。適用法規の決定においては、むしろ、当該行為の性質が意味をもつ。したがって、公権力の行使に関する法関係においては、特別の取扱いが認められるとしても、個別的に問題を考えていく必要がある。包括的な法関係の観念は不要であろう。

(3) もはや包括的な法関係の観念は必要ではなく、個々の行為（あるいはそこから生じる法関係）に着眼するのが適切であると思われるが、その場合、例えば行政指導や協定は、伝統的な公法・私法区別論では、念頭におかれていなかったことに注意する必要がある。これらは非権力的行為形式であるが、しかし、私法的行為形式では必ずしもない。さらに、本来は非権力的に処理することのできる事務について公権力の行使の形式が採用されることがあるが(2)、これを法的にいかに評価するかは、公法・私法区別論を前提としても、未解決の問題である。

(4) (3)の点とあいまって、非権力的関係における適用法規についても、今日では再検討が必要である。前述のように、非権力関係には原則として私法が適用されるとするのが、公法における公権力の優位に歯止めをかける思想であった。しかし、このような公法概念の放棄を前提とすると、このように考えるべき必要性はなく、むしろ、非権力的行政活動に対して行政法的な拘束を及ぼすことが課題となるのである。そして、このことは、私法上の法関係ないし私法形式による行政活動に対しても妥当する。

以上のような理由から、適用法規の問題について公法・私法を区別する必要はないと考えられる。しかし、そのことは、適用法規の問題が解消するということを意味しない。

以下では、より具体的に問題を取り上げておく。

（1） 公法・私法の区別を否定した先駆的教科書として、今村・入門一八頁以下、広岡・総論三八頁以下。本文でも述べたように、以後、公法・私法の区別を不要とする見解が支配的であるが、これに対し、兼子・総論は「権力行政の手続法としての公法」の観念を立てている（例えば二六頁以下）。

（2） これは、形式的行政行為（行政処分）の問題である。第九章第二節**4**(6)、一三五頁および第一四章第四節**2**、二四七頁以下を参照。

第五節　行政上の法関係と適用法規

公法・私法区別論をとらない場合、行政上の法関係への私法の適用については、公法関係であるがゆえに私法の適用がないとは、当然にはいえない。一般的な私法の適用可能性を前提として、具体的な問題ごとに、私法の適用があるかそれとも独自の取扱いが適切かを判断する必要がある。また、他面において、私法関係だから私法の適用があるという論法も必ずしも妥当しないのであり、非権力的な関係ないし行政活動についても、私法の適用があるか否かは、法関係ないし行政活動の実質に照らして判断されることになる。

1　権力関係への民法一七七条の適用

権力関係（権力的行為）への私法の適用の問題に関しては、不動産の取得等の対抗要件としての登記について定める民法一七七条に関する次の二つの最高裁の判例がよく問題となる。

その一つは、自作農創設特別措置法に基づく農地の買収処分に関する一九五三（昭二八）年二月一八日の大法廷判決であり、農地買収処分には民法一七七条の適用がなく、政府は、登記簿上の農地の所有者を相手方として買収処分を行うべきものではなく、真実の土地所有者からこれを買収すべきものである、としている。もう一つの判例は、国税滞納処分に関する一九五六(昭三一)年四月二四日の判決であり、滞納処分による差押には民法一七七条の適用があるものとしている。

前者の判決は、権力的行為である農地買収処分に対して私法の適用を認めなかった点で、公法・私法区別論の立場から理解可能なものであったが、後者の判決は、権力的行為である滞納処分につき私法の適用を認めた。そこで、この判決と公法・私法区別論との関係いかんという問題が提起されるとともに、最高裁判所が、二種類の権力的行為について、一方には民法一七七条の適用を認め、他方にはこれを否定したことによって、権力的行為への私法の適用という問題につき、判例上、統一性を欠いているような感を与えていることをいかに理解するかについて、議論を呼んだ。

まず、農地買収は、不在地主の土地について行われるものであって、したがって、土地の所有者が誰であるかということは、制度の運用上、根幹的な意味をもっている。それゆえ、農地買収を行うにあたっては、登記簿に頼ることは適切ではなく、真実の土地所有者を探すことが必要であり、たとえ実務上、登記簿に頼らざるをえないとしても、真実の土地所有者から異議の申出があれば、これを容れるべきものであろう。農地買収処分が権力的な行為であるからではなく、この農地買収の実質的性格から、民法一七七条の適用がないものと思われる。

これに対し、国税滞納処分は権力的行為であるが民事上の強制執行もその点は同じであり、また、滞納処分における国の地位を民事上の強制執行における差押債権者の地位に対応するものと理解すると、権力的行為である国税滞納処分にも民法一七七条を適用することが認められることになる。

しかし、滞納処分は行政機関による自力執行行為であり、民事上の強制執行とは異なり、裁判手続を経たものではないから、民事上の強制執行に倣って登記簿に頼ることが当然に容認されるものではない。行政の自力執行である滞納処分については、民事上の強制執行と異なる法理が妥当すると考える余地もないわけではない。

たしかに、公法・私法の区別を不要とする立場に立てば、権力的行為だからといって民法の規定が適用を排除されるわけではない。私法の適用される余地が法の一般原理や技術的約束の規定にとどまるべき必要性は、存在しないであろう。しかし、行政活動、とくに一方的に行われる行為については、むしろ行政活動の適正化の見地から、民法一七七条の適用が制限されることも認められなければならない。農地買収処分はその例であり、また、滞納処分についても同様にいえるのではないかと思われる。

なお、自作農創設特別措置法に基づく農地買収処分および未墾地買収処分により国が取得した所有権について民法一七七条の適用を認める最高裁の判決があるが（一九六四（昭三九）・一一・一九、一九六六（昭四一）・一一・二三）、これは、所有者としての国を一方の当事者とする関係に関わるものである。

2　会計法三〇条の適用範囲

私法の適用が問題となるのは、とくに行政に関する規定が設けられていない場合であるが、逆に、そうした規定がおかれている場合には、その適用範囲が問題となる。その代表例は、国の債権・債務について五年の短期の消滅時効について定める会計法三〇条の規定である（同旨の規定が地方自治法二三六条一項にある）。この規定は、国の債権・債務について限定を付さず五年の短期の消滅時効を定めており、いかにもすべての国の債権・債務について適用されそうである。しかし、国の債権・債務の中には、私人間の債権・債務と同質のものがあり、前者については、後者に適用される私法法規が適用されるのであって、会計法の適用があるとは考えられない。そこで、この会計法の規定の適用範囲が問題となる。公法・私法区別論においては、この規定は公法規定であり、公法上の債権・債務にのみ適用があることになる。このような解答は、公法・私法区別論の有用性を示すものといえるが、しかし、公法・私法区別論をとらなくとも、この規定の趣旨・目的を探り、そこからこの規定の適用範囲を画することが可能である。最高裁が、会計法三〇条につき、「国の権利義務を早期に決済する必要があるなど主として行政上の便宜を考慮したことに基づくものであるから、同条の五年の消滅時効期間の定めは、右のような行政上の便宜を考慮する必要がある金銭債権であつて他に時効期間につき特別の規定のないものについて適用される」（最判一九七五（昭五〇）・二・二五）と述べるのは、正当である。

3　不当利得の法理の適用可能性

公法・私法区別論においても、行政法の分野にも適用のある私法の規定として、法の一般原則と考えられる規定（信義誠実の原則や権利濫用禁止の原則の規定）や期間の計算などに関する法の技術的約束の規定が挙げられているが、これは控えめなものであり、この他にも適用されると考えられるものがある。例えば不当利得の制度を「公法、私法を通ずる基本的法理」と解し、これを税法の分野にも適用する判決があるが（東京地判一九六六（昭四一）・六・三〇）、国や公共団体が不当な利得を返還すべきことは、たしかに当然のこととして認められなければならない。公法上の不当利得の制度が考えられたこともあるが、これは不要の作業であろう。(1)

4　非権力関係への私法の適用

最後に、非権力関係への私法の適用についてふれておこう。

例えば最判一九八四（昭五九）・一二・一三は、公営住宅の利用関係が基本的には私人間の家屋賃貸借関係と異なるところはないとし、そこから、公営住宅法および条例の特別の定めがないかぎり、原則として民法および旧借家法の適用があるとして、信頼関係法理（利用関係の基礎にある信頼関係が破れると、明渡請求が可能とする法理）の適用をも認める。公営住宅の利用関係が私法関係であり、そこに私法の適用のあること自体は従来から認められてきたことであるが、右最高裁判決は、公営住宅法上の明渡請求事由が存在する場合であっても、信頼関係を破壊するとは認め難い特段の事情があるときには、明渡を請求できないものとしている。

なお、この判決は家賃滞納などを理由とする明渡（公営住宅三二条）に関わるものであるが、老朽による建て替えのための明渡（公営住宅三八条）については公営住宅法の規定（特則）が適用されるので、旧借家法一条の二（明渡を正当事由ある場合に限定する）の適用はないとするのが裁判例の傾向である（最判一九八七（昭六二）・二・一三）。

（1） 前記の東京地判一九六六（昭四一）・六・三〇は、一旦は課税処分が適法に行われ、また、滞納処分も行われたが、その後に納税者の側に債権の貸倒れが発生し、このため、納税者が、結果的には所得がなかった分の納税額につき、不当利得として、国に対して返還を求めた事件である。そして、この東京地裁判決は、不当利得の法理を適用したのであるが、最高裁判所は、納税者の返還請求権にふれることは慎重に避けつつ、「貸倒れの発生とその数額が格別の認定判断をまつまでもなく客観的に明白で」ある場合には、課税庁による是正措置がなくとも、すでに徴収した租税は、「法律上の原因を欠く利得としてこれを納税者に返還すべきもの」とした（最判一九七四（昭四九）・三・八）。

▨ 補論　訴訟形式と公法・私法区別論

公法・私法の区別の意味は、訴訟法のレベルでは、公法上の争いが特別の訴訟形式によることになる点にあるといわれている。たしかに、戦前においては、公法上の争いについては司法裁判所の管轄権が否定されるという実益があった。

を得ることができたことの制度的基盤は、この双方における憲法構造の類似性に求めることができる。しかしながら、明治憲法においてとられた法治主義は、この「法律による行政」の原理を完全に実現するものではなかったことにも注意しなければならない。法治主義に関わる明治憲法の特質は、次のようにまとめることができる。

(1) 統治権の総覧者たる天皇（四条）は、行政権のみならず立法権をも行使するものとされていたが、立法権の行使には「帝国議会ノ協賛ヲ経ルコト」が要求され（五条）、天皇は「法律ヲ裁可シ其ノ公布及執行ヲ命ス」ることとされていたから（六条）、「法律による行政」の原理の前提としての形式的意味における法律の制度は存在した。

(2) 「法律の優先」の原則も承認されていたといえよう（九条但し書は後述の独立命令が法律を変更しえないことを明記していた）。

(3) 「臣民（の）権利義務」は「法律ノ定ムル所ニヨリ」あるいは「法律ノ範囲内」で認められるものであった。すなわち、それは一方において、国民の基本的な権利自由の制限を法律にのみよらしめるとともに、他方、法律によりさえすればその制限を無制約に認めるものであった（形式的法治主義[3]）。

(4) 天皇行政府は、帝国議会の閉会の場合において、「公共ノ安全ヲ保持シ又ハ其ノ災厄ヲ避クル為緊急ノ必要」ある場合には、法律に代わるいわゆる緊急勅令（八条一項）を、また、「法律ヲ執行スル為ニ又ハ公共ノ安寧秩序ヲ保持シ及臣民ノ幸福ヲ増進スル為ニ」いわゆる独立命令（九条）を、それぞれ帝国議会の協賛を経ることなく発することができた。「法律の法規創造力」ひいては「法律の留保」の原則は完全には実現されていなかったのである。さらに「戦時又ハ国家事変ノ場合」においては、天皇大権の行使として、法律からはまったく自由に「臣民（の）権利義務」を規律しうることも、憲法自身の予定するところであった（三一条）。

(5)　公務員制度および行政組織は憲法や法律に定めのないかぎり、天皇行政府の専権に委ねられ（一〇条。官制大権・任官大権）、勅令によって規律されていた。

(6)　最後に、明治憲法における法治主義の不備不完全を増幅したものとして、行政救済制度の不十分さが指摘されなければならない。とりわけ行政訴訟制度についていえば、明治憲法は行政事件について行政裁判所制度を採用したが（六一条）、それは一審制であり、かつ行政裁判所は全国で一ヵ所設けられたにすぎず（行政裁判法一条）、さらに出訴しうる事項は、法律に列挙されたわずかの事件にすぎなかったのである（いわゆる列挙主義。憲法六一条、行政裁判法一五条、「行政庁ノ違法処分ニ関スル行政裁判ノ件」〔明治二三年法律一〇六号〕）。

（1）「法律の優先」の原則の意味を、小早川・行政法上八五頁は、「国会制定法律で定められた規範と行政機関の定立した規範とが同一事項について並存し、互いに矛盾するという場合に、法律が行政機関の規範定立を破り、後者が無効になるとする原理」と把握している。これはこの原則の歴史的な理解としても正当である。

（2）もっとも、藤田・行政法Ⅰ五四頁は、「法規」の概念を「合意を俟たずしてあらゆる執行機関を拘束し、裁判所における争訟裁断の基準となる法規範」ととらえ、「法律の法規創造力の原則」を「法律は一般にこのような法的性質を持ちまた「このような性質をもった法規範を定立する権能を執行機関に授権し得る。」という原則と解している。

（3）なお、憲法制定当初は、憲法で法律に留保された事項についてのみ法律の根拠を要するとする説（憲法上の立法事項説）が主張されたが、やがて、「侵害行政」一般について法律の根拠を要するとする説が有力となった。この点につき、塩野宏・法治主義の諸相（二〇〇一）一〇六頁以下を参照。

第二節　現行憲法下における法治主義

1　憲法原理の転換と法治主義

明治憲法のもとで学説上承認された法治主義は、ドイツにおいて形成された「法律による行政」の原理であったが、それは、当時の憲法構造を反映して、主要には「侵害行政」についての規制原理にとどまり、かつ法律と行政との形式的な関係の規律にとどまった。かくして、国民主権主義に立脚する現行憲法の制定は、伝統的な法治主義原理の根本的な再検討を迫ることになったのである。

(1)　いわゆる国会中心主義と法治主義　現行憲法が採用するいわゆる国会中心主義（四一条）のもとでは、法治主義の根幹はなおも法律による行政の原理である。しかし、その内容は、明治憲法のもとで考えられたような意味での「法律による行政」の原理と同一ではありえず、より徹底したものでなければならない。なぜなら、国会中心主義のもとでは、立法権と行政権との関係はもはやかつての明治憲法下におけるようなものではなく、行政権それ自体は憲法によって創設されたものであるとともに、その活動は、原則として、国会（法律）によって授権され、かつその規制に服しなければならないからである。

(2)　基本的人権の尊重と実質的法治主義　現行憲法は、国民の基本的人権を広範に認めるとともに、それらに対し手厚い保障を与えている。この点において、法治主義は、法律と行政との形式的な関係に関わるもの（形式的法治主義）にとどまることはできず、何よりも人権保障を第一義的な目的とするもの（実質的法治主義）でなければならない（杉村・講義上巻四七～四八頁、今村・入門七～八頁、広岡・総論三三頁、原田・要論八〇頁、高田編・行政法一二頁〔高田敏〕、大橋・行政法二〇頁など)。前述の法治主義の徹底も、このような実質的な目的によって方向づけられねばならない。なお、この実質的法治主義は、理論的には、保障さるべき人権の内容いかんを問うものではない。そこで、憲法における社会権の自由権に対する価値優越性の認識から、現行憲法下の法治主義を社会的法治主義としてとらえる見解も存在する。

(3) 行政救済制度の改革と法治主義の保障　法治主義の実効性を確保すべき行政救済制度の面でも、現行憲法は根本的な改革をもたらした。すなわち、それは、国家賠償に関する定めをおくとともに(一七条)、明治憲法下に存在したような行政裁判所の設置を認めず、行政事件をも司法権の判断に服せしめ(七六条二項)、さらには裁判所に違憲審査権を認める(八一条)ことによって、行政権に対する司法権の役割を著しく強化している(行政救済の問題は、法治主義の実効性を担保するものとして重要であるが、法治主義とは別に論じることもできるものであり、また、実際にもそのような取扱いが行われているので、以下では行政救済そのものの問題には立ち入らない)。

2　行政活動の多様化と法治主義

憲法原理の転換は、伝統的な法治主義の再検討を迫るものであったが、さらに、現代国家における行政活動の多様化によってもその再検討が必要となっている。すなわち、一方において、行政目的が多様化し、いわゆる給付行政の比重が増大するとともに、他方において、適用される手段の面においても、非権力的手段(行政契約・行政指導など)が重要な機能を果たすにいたっている。この点においても法治主義は権力的な「侵害行政」のみを主要な対象とすることはできなくなっているのである。

3　法治主義の再編

法律と行政の関係のうち、「法律の優先」の原則は、現行憲法のもとにおいても、当然妥当する。注意すべきは、現行憲法のもとの法治主義における最も優越的な法は憲法であり、したがって、法律の制定・解釈・運用は、憲法に適合したものでなければならないことである。

次に、「法律の法規創造力」の原則については、憲法上、国会は「国の唯一の立法機関」とされている（四一条）。この規定は、実質的意味の法律すなわち法規の定立の権能がもっぱら国会に属すべきこと、すなわち「法律の法規創造力」の原則を定めたものであり、明治憲法のもとで認められていた緊急勅令や独立命令はもはや認められない。「法律の法規創造力」の原則そのものは、憲法上、明示的な承認を得ているのである。この原則に関しては、なお論じるべき問題があるが、これについては第八章（一一四頁以下）で述べることにする。

4　特に法律の留保の原則について

次に、法律の留保の原則については、現行憲法下では、見解が分かれ、活発な議論があるので、やや詳しく述べることにする。この原則については、類型的には次の四つの考え方がある。

(1)　侵害留保説　国民の権利自由を権力的に侵害する行政についてのみ法律の授権を要するとする説である。ある者によれば、「直接に人民の権利義務に関係のない行政作用は、必ずしも、明示の法律の根拠に基くことを要しない……、人民の権利義務に関係のある場合であっても、例えば予算の範囲内において、地方公共団体その他の公共団体又は私人に対し、各種の補助・奨励的措置をなし、各種施設を設けて人民の使用に供すること等は、本来は、行政の自由活動に属する事項」である（田中二郎・行政法総論（一九五七）三三一頁）。政令・内閣府令・省令・条例の制定に関する法律の規定は、この説を前提にしている（内閣一一条、内閣府設置七条四項、国家行政組織一二条三項、自治一四条二項）。なお、許可の付与は授益的であるが、許可制度の採用自体は侵害的行為として法律の根拠を必要とする。

(2) 権力作用留保説　行政活動のうち、権力的作用について、法律の授権を要するとする説である（原田・要論八九〜九〇頁、兼子・総論六七頁以下、同・行政法学五八〜六〇頁、藤田・行政法Ⅰ八六〜八七頁、小高・総論二八頁）。

(3) 全部留保（法規留保）説　国民の権利自由を制限するものであるか、それとも国民に権利を与え義務を免じるものであるかを問わず、国民の権利義務に関わる行政については法律の授権を要するとする説である（柳瀬・教科書二四頁。この説の評価については、小早川・行政法上一一九頁以下を参照）。

(4) 完全全部留保（公行政留保）説　国民の権利義務に関わる権力的行政のほか、非権力的公行政についても法律の授権を要するとする説である（杉村・講義上巻四三頁および注5・6、高田編・行政法三三頁〔高田敏〕。なお、高田説は法律の授権の不要性が証明される場合には例外を認めているし（授権原則説）、また、杉村説も、原則的完全全部留保説に変化している。杉村・続・法の支配三一頁を参照[1]）。

以上の諸説に対しては、さまざまな角度からの批判が可能であり、いずれも絶対的な妥当性を有するものではない。まず、侵害留保説は、もともとは行政行為などの権力的な侵害行為についてのみ法律の授権を要求するものであった。最近ではこの説を主張する者はほとんど存在しない[2]。しかし、侵害という行為の実質に着目した考え方であるので、行政指導などの非権力的ではあるが侵害的（規制的）な行為についても、法律の授権の要請を拡張する余地があり、また、現にそのような主張をする者もある（田中二郎・司法権の限界（一九七六）二八八頁。これを修正侵害留保説ということができる）。しかし、侵害留保説をこのようなものとして理解しても、なお次のような問題がある。

すなわち、①侵害と授益の二分論がとられているが、公害規制のように、一方の者に対しては侵害的であるが、他方の者に対しては授益的な行政活動も少なくない。②また、授益的な活動や非侵害的な活動（後者の例として、行政計画）についても、それらが国民の税金の利用であり、また、間接的に国民の権利利益に影響を及ぼすことがあることもやむをえないであろう。

規制的行政指導について法律の授権が必要であると解する場合、問題となるのは、行政指導が一定の要件のもとで一定の内容をもって行われるというものでは必ずしもなく、状況に応じその内容が変わり得るものがあることである。こうした行政指導については、要件と効果についての明確な定めをもった法律の授権を考えることはできず、授権は概括的なものにとどまることもやむをえないであろう。

以上の他、行政計画、行政契約、行政調査などについても議論があるが、その検討は、それぞれの項目の説明に譲る。

7　行政組織の設置等と法的統制

先にふれた組織法的授権とは、行政作用のレベルでの授権のあり方に関する問題であるが、これとは別に、行政機関の設置・改革・廃止が法律によって行われるべきか否かの問題がある。伝統的な「法律の留保」の原則は、作用法の側面において行政活動に制約を加えようとするものであった。すなわち、行政組織は、行政府に固有のいわゆる組織権力の支配するところと考えられ、前述のように、明治憲法のもとでは、天皇行政府の専権に委ねられ、勅令によって規律されていた。行政組織をどこまで法律により統制するかは立法政策の問題とされ、ただ行政組織に関する法律が存在するかぎりにおいて、「法律の優先」の原則によってその遵守が要求されるにとどまったのである。しかし、行政活動に対する法律による統制は、作用法の面のみならず、組織法の面からも行われなければならない。以下、この問題について述べる。

行政庁および執行機関（これらの概念については、第六章第二節、九二〜九三頁を参照）は、直接に国民の権利義務に関する行政を行うものであるから、これらに関する規律は法律事項と解されている（杉村・講義上巻七八頁注３）が、さらにその他の行政機関の組織に対する法律による統制も検討するべきであろう。例えば現代行政における審議会の役割を考えれば、その組織を法律による統制の枠外におくことは必ずしも妥当ではない。

国家行政組織法の規定をみれば、まず、国の「行政機関」としての省・委員会および庁の設置・廃止、任務・所掌事務の範囲は法律で定めるものとされる（三条二項・四条）。さらに、後述の法律改正前は、「行政機関」におかれる官房・局・部や委員会におかれる事務局の設置・所掌事務の範囲および審議会・協議会・試験所・研究所・文教施設などの付属機関や地方支分部局の設置も法律事項であった（旧七条五項・同条七項・八条一項・九条）。内部部局の設置と所掌事務および付属機関の設置が法律事項となったのは、国家行政組織法の審議における参議院での修正によるものである。

しかし、この国家行政組織法の規定は、一九八三年、「行政改革」の一環として、修正された（昭和五八年法律七七号）。すなわち、官房・局・部の設置・所掌事務の範囲は政令事項とされ（七条四項。委員会におかれる事務局の設置は今も法律事項である。七条七項）、また、審議会（ただし、この名称は用いられていない）・試験研究機関・文教研修施設・医療更正施設などの付属機関の設置は、「法律又は政令の定めるところによ」ることとなった（八条・八条の二。地方支分部局の設置は今も法律事項である。九条）。

他方、地方自治法においては、地方公共団体の長の直近下位の内部組織の設置・分掌事務、さらには、地方事務所や保健所・警察署その他の行政機関の設置、そして、公の施設の設置・管理は条例事項とされている（一五八条一項・一五五条・一五六条・二四四条の二第一項）。

国の法律に対応するものが地方の条例であるとすれば、「行政改革」により、国家行政組織法と地方自治法との間に食い違いが生みだされたのである。

（1） 以上の他、侵害行政または権力的行政に加えて給付行政にも法律の根拠を必要とする社会留保説や、権力的行政に加え「非権力公行政のうち、消極行政であって、かつ負担行政である行政は、法律の根拠を要する」とする説がある（室井力・行政の民主的統制と行政法（一九八九）一二頁）。また、ドイツにおいては、本質的事項の決定には法律の根拠を必要とするという本質性理論が判例・学説上提唱されており、わが国でも注目されている（阿部・法システム下六九六頁や大橋・行政法三〇頁以下はこの説を支持する。ただし、阿部は重要事項留保説と呼んでいる）。もっとも、何が本質的なもの（または重要事項）であるかは今のところ不明確である。もし、この説が行政の分野や行政活動の種類を問わず、基本的事項・重要事項について法律による規律を要求するものであれば、（原則的）完全全部留保説と類似するところがあるように思われる。後者の説も、すべての公行政についてその細目に至るまで法律による規律を要請するものではないからである。

（2） もっとも、少なくとも侵害行為について法律の授権が必要であることは何人も否定しない。そこで、この法理は、侵害留保説と区別して、侵害留保原理と呼ばれることがある（小早川・行政法上九三頁以下、一一六頁以下）。なお、遠藤・行政法二〇頁によれば、「権利自由との関連を問題とする侵害留保説には今日もなお妥当する考えが含まれている。したがって、かりに全部留保説に立つとしても、法律の授権の程度などの問題についてはなお侵害留保説的発想を生かすべきであろう。」

（3） 権力作用留保説が権力的行為について単なる法律の授権だけではなく当該行為の要件や行為内容（効果）についての具体的な定めをおくことについての要請を含んでいるのであれば（参照、藤田・行政法Ｉ八八頁注4）、この説は授益的行為との関係でも意味をもっていることになる。なお、藤田・同書八六～八七頁および注5は「公権力の行使たる行政活動には法律の根拠が必要」としつつ、規制的行政指導が「公権力の行使」にあたる余地を認めているので、修正侵害留保説の意図するところは承継していることになる。

（4） 本文で述べたような考え方に対しては、塩野・行政法Ｉ七二頁注9に批判がある。塩野説においては、組織法と作用法が厳格に区別されるべきものとされているのである。しかし、現実は必ずしもそうなっていないというのが私の認識である。

なお、警察による自動車の一斉検問については、警察の任務に関する一般的規定である警察法二条一項が任務の一つとして「交通の取締」を挙げているので、最高裁は、この規定に法的根拠を求めている（最決一九八〇（昭五五）・九・二二）。これは、組織法的授権による行政活動の許容の例である。しかし、これは、かなり苦しい操作である。警察法二条一項が警察の任務として定める「交通の取締」の権限は道路交通法で具体化されているのであるから、そこで規定されていない一斉検問を再び警察法二条一項の「交通の取締」に立ち戻って根拠づけることはできない。一斉検問は道路交通法が予定していなかったような例外的なものではないのである。しかも、一斉検問はその実質においては非権力的なもの、任意的なものではない。一斉検問は日常的に反復して行われており、交通の自由を制約するものであるから、法律（道路交通法）において制度を具体的に定めるべきである（同旨、原田・要論二四六頁、広岡隆「即時執行」：体系2二九九頁、兼子・行政法学一六〇頁注一八九）。

（5）もっとも、最高裁判所は、漁港水域内に不法に打ち込み設置された約一〇〇本のヨット係留用の鉄杭につき漁港管理者である町長が漁港法の規定によらないで撤去を強行した事件につき、鉄杭が安全確保・危険防止のために存置の許されないものであることが明白であることや強制撤去によっても鉄杭の財産的価値がほとんどそこなわれないことを指摘し、船舶の事故および住民の危難が生じた場合の不都合・損失を考慮して、町長による鉄杭の撤去の強行をやむを得ない適切な措置としている（最判一九九一（平三）・三・八＝浦安漁港鉄杭撤去事件）。また、教科書検定についてはたしかに学校教育法二一条一項（現行の三四条一項。この規定は小学校についてのものであるが、六二条により高等学校にも準用される）に一応の法律の根拠があるが、その具体的細目はあげて教科用図書検定規則（文部省令）・教科用図書検定基準（文部省告示）に委ねられており、法治主義違反の疑いが強い（同旨、杉村・続・法の支配五七頁、塩野・行政法Ⅰ九〇頁注2、違憲説として、阿部・法システム下六九八頁）。しかし、最判一九九三（平五）・三・一六＝家永教科書検定第一次訴訟は学校教育法二一条一項を「検定の主体、効果を規定したものとして、本件検定の根拠規定とみることができる。」と述べている。

第三節　行政と憲法

以上においては、行政活動に対する法律による統制を問題としたが、行政と法律との関係の理解が憲法原理に適合したものでなければならないことは、すでに指摘したところである。ここでさらに指摘されるのは、憲法が直接に行政に関係することがあることである。

すなわち、憲法は規制規範としての役割をもつ。自由権や平等原則、比例原則といった憲法原則は、個々の行政活動を直接に拘束する（警察署が設置した防犯用テレビカメラを、プライバシーの侵害を理由に撤去することを命じる判決として、大阪地判一九九四（平六）・四・二七。プライバシーによる行政調査の制限につき、八三頁を参照）。また、適正手続の法理を憲法から導き、これに違背した行政処分を取消した判決例も存在する（東京地判一九六三（昭三八）・九・一八＝個人タクシー事件、東京地判一九六三（昭三八）・一二・二五＝群馬中央バス事件。なお、国が締結した私法上の契約への憲法の適用につき、最判一九八九（平元）・六・二〇＝百里基地訴訟）。

一般に、憲法の規定は具体性を欠いているため、これを行政活動に直接に適用することには困難が伴う。しかし、法律は必要な規定を欠いていることもあるし、また、おかれていても不明確なこともある。このような場合、憲法が一つの重要な規制規範となるのである。

第四章　信　頼　保　護

第一節　問題の所在

行政活動に対する法的拘束としては、まず法律によるものが考えられるが、この他、一方ではその下位の政令・省令などによる拘束と、他方では憲法や不文の法による拘束とが考えられる。後者の拘束が問題とされざるをえないのは、法令に欠缺があったり、その規定が行政機関に裁量を認めるものであったりすることによることもあるが、法令の画一的ないし硬直的な適用が適切な結果をもたらさないことがあることにもよる。以下では、後者の点に関わる法原則である信頼保護の原則について検討を加える。

1　信頼保護原則の形成

信頼保護は、法治主義の形式的な適用をチェックする原則として近年注目されているものであり、行政活動に対する国民の信頼を一定の要件のもとで保護しようとする原則である。信頼保護の典型的事例は、社会保障給付が数年間行われたが、その後、給付の違法性が明らかになり給付決定の職権による取消が行われる場合にみられる。この場合、「法律による行政の原理」の見地からは、違法な給付の打切りが求められるが、相手方の生活ないし信頼の保護の見らそれについては賠償する、という三つの対応方法が考えられる。法律による行政の原理を重視すれば、信頼を保護する措置として、③も十分に考えることのできるものであるが、この事件において、第一審裁判所は、原告の請求を容れ、②の措置を是認し、課税処分を無効とした。これに対し、課税の性質上、将来にわたる非課税の利益は保護されないから、①の方法はとることができないものと思われる。しかし、事案によっては、信頼保護の要請により行政活動のあり方が将来にわたっても修正を被ることがある。その一つの例が、前記の老齢年金の裁定却下処分取消事件（東京高判一九八三（昭五八）・一〇・二〇）である。

このように、信頼保護の法理は、ときに、法律の規定に照らし本来あるべき行政活動の実体的なあり方に修正を加えることがある。ここでは、信頼保護原則により法律による行政の原理が後退しているのである。

法律による行政の原理からは、法律の規定により行政活動のあり方を決し、信頼保護の要請は、補償または賠償の金銭的手段または代償措置によって充たすことが適切であるが、影響を受ける相手方の権利利益の性質その他の事情により、行政活動自体に修正を加えることも必要になるのである。[1]

なお、一九八一年最高裁判決では、賠償責任を根拠づける違法性が、補償その他の代償措置の懈怠に求められているようであるが、少なくとも信頼保護の対象が違法措置である場合は、こうした媒介項を必要としない。信頼の対象となる措置の違法性がただちに賠償を根拠づける。

（1）なお、一九八一年最高裁判決の事件では、工場誘致の政策の変更が問題となっているが、こうした政策をとるか否かは、法律で定められておらず、地方公共団体の自由な選択の認められることであるから、この判決では、法律による行政の原理ではなく住民自治の原理が信頼保護の要請に対抗させられている。

第五章　行政裁量

第一節　行政裁量の観念

1　行政裁量の観念とその合理的根拠

行政裁量とは、行政活動が法令によって一義的に拘束されないことの反面として行政に認められる判断の余地を意味する。かりに法律が「厚生労働大臣は、公益上必要ある場合、必要な措置をとることができる」と定めているとすると、厚生労働大臣は、公益上の必要という要件の認定、とるべき措置の内容およびその措置をとるか否かという点について裁量を有する。一般的にいえば、法律が内容の不確定な概念（不確定概念）を用いて行政活動の要件や内容を規定する場合や、当該措置をとることを義務づけず「できる」と規定するにとどまる場合、行政は裁量を認められることになる。

このような行政裁量が認められる根拠としては、立法者が起りうるあらゆる事態を想定し、それらについてとるべき具体的な措置をあらかじめ定めることが困難であることや、立法者が行政担当者の専門的知識または政策的判断を尊重しこれに具体的な判断を委ねることが考えられる。

2 行政裁量と裁判所

行政裁量は、法令が行政機関のとる措置の要件や内容などについて一義的な規定を設けていないところから認められる、法令によっては一義的に拘束されない行政機関の判断の余地である。したがって、行政裁量は、第一次的には、立法との関係で考えられるものであるが（法律からの自由という意味での裁量。参照、小早川・行政法下Ｉ一一頁、同・行政法下Ⅱ一九〇頁）、さらに、それは、裁判所による審理との関係においても、裁判所がどこまで審理しうるかという問題を提起する。このような問題が生じてくるのは、裁判所の役割が紛争解決のための法とくに制定法の解釈適用であるとすると、法令による一義的な拘束を欠く行政裁量の行使については、裁判所が無条件に審理できるとはいえないからである。

しかし、他面、行政裁量に対しては法令の一義的な拘束が欠けるにとどまり、それに対する法的拘束がまったく存在しないというわけではない。憲法による拘束も考えられるし、不文の法による拘束も考えられる。また、裁判所の役割が制定法の解釈適用につきると考える者もいないであろう。ここに、行政裁量についていかなる法的拘束が及び、そして、どこまで裁判所が審理を行うことができるか、ということが問われることになる。

このように、行政裁量は、裁判所の審理権との関係においても特別の意味をもつのであるが、この問題に対する解答が裁判所の役割をどのようなものと考えるかという問題に関係していることにも注意しておきたい。

第二節　行政裁量の存在形態

行政裁量は、従来、行政行為（第九章第一節、一二二頁以下を参照）との関連で考えられてきた。その理由は、行政行為が権力的・法的・具体的行為であり、国民の権利自由との関係で重大な意味をもっていたことにもよるが、さらに、従来の行政法学においては行政行為以外の行為形式があまり議論されていなかったことにもよる。しかし、行政行為以外の行為形式においても行政裁量は存在しているし、また、その重要性は行政行為の裁量と変わらない。

1　行政行為における行政裁量

まず、行政裁量は行政行為について認められる。行政活動の領域の拡張に伴う行政行為の権限の量的増加とともに、行政裁量が全体としては増大していることが推測できる。もっとも、裁量の広狭は、領域によりまた行政行為により異なる。税法や社会保険法の領域では、法律で詳細な規定がおかれ、裁量の制限が図られているが、出入国管理行政の分野における外国人に対する法務大臣の特別在留許可（出入国管理五〇条一項）のように、広い裁量の認められるものもある。また、建築基準法上、建築確認（建築基準六条一項）は裁量のない行為と構成されているが、例外的建築許可（建築基準四八条）は裁量的行為である。ただ、従前は広い裁量が認められていた行為の中には、例えば土地収用の事業認定（土地収用一六条以下）や公有水面埋立の免許（公有水面二条以下）のように、戦後の法律の改正により要件についてやや詳細な規定がおかれるようになっているものもある。さらに、戦後は、行政行為の基準を法律が定めない場合も、政令・省令などの命令あるいは条例（委任条例）の制定が要求され、これによって行政行為に関する裁量の制限が図られることもある。

2　行政立法における行政裁量

次に、この政令・省令などの命令制定（行政立法）の段階においても行政裁量が問題となる。行政行為の基準に関する命令の制定の授権は、行政行為を発する段階における行政庁の裁量の制限であるとともに、命令制定機関への行政裁量権の一つの授権である。この命令制定機関への行政裁量権の授権に関して注目されるのは、国民に対する関係では地方公共団体が権限を行使する領域においても、国が各種の基準設定の権限をみずからに留保していることが少なくないことである（例、生活保護八条一項・三九条、環境基本一六条一項、大気汚染三条一項、学校教育二〇条・三八条・四三条）。ここでは、行政裁量権が、行政行為について権限を有する地方公共団体の機関から国の機関に吸い上げられているのである。

3　行政計画における行政裁量

もう一つ、裁量権の行使の場として近年注目されているのは、行政計画である。行政計画は、行政活動の計画的な遂行を確保するのために作成・決定（以下、策定という）される計画である（例、都市計画、各種開発計画、長期経済計画）。それは、法律に基づいて策定されることもあれば法律に基づくことなく策定されることもあるが、計画策定を授権する法律においては要件や計画内容の法的規制は弱く、いずれにしても計画の策定は大きな裁量を伴う行為である。そして、この計画が行政のあり方を強く規定するところに現代行政の特徴がみられる。すなわち、行政裁量が行政計画の策定として行使されることが現代行政の一つの特色である。この行政計画の策定に関する裁量は、計画裁量と呼ばれる。

4　その他の行政裁量

これらの他、行政上の強制執行、行政上の即時強制、行政契約、行政指導、行政調査においても行政裁量が存在している。また、道路建設等の公共事業の実施などにおける行政裁量も看過できないものである。

第三節　行政裁量の種別

1　裁量が認められる局面による種別

例えば銃砲刀剣類所持等取締法二四条の二第二項は、警察官が、銃刀類を携帯または運搬している者が他人の生命または身体に危害を及ぼすおそれがある場合、これを提出させて一時保管することができる旨を定めているが、「他人の生命又は身体に危害を及ぼすおそれがあると認められる場合」とはいかなる場合であるかは一義的には明確ではなく、したがって、具体的事例においてこの要件が存在するかどうかは明確ではない。このような要件認定に関する裁量を要件裁量という。また、措置については、「提出させて一時保管することができる」と定められており、右の要件が存在する場合も、提出・一時保管の措置をとる義務はなく、措置をとるか否かについて警察官の裁量が認められる。このような裁量を効果裁量または行為裁量という。

この要件裁量と行為裁量が、行政裁量として従来論じられてきたものであるが、要件裁量に関わりかつそれとは区別すべきものとして、事実認定そのものに関する裁量がある（例、環境アセスメントに際しての調査方法などに関する裁量）。また、行政活動に対する法的規律は、これらの点のほか、当該行政活動について権限を有する機関の決定およびその構成、当該行政活動においてとられるべき手続などにも及ぶから、行政組織に関する裁量（補助機関の構成・権限の委任など）や手続に関する裁量について語ることが可能である（これらの問題は行政組織法および行政手続法の問題として論じられる）。さらに、近年では、許認可の留保との関係で、時期（タイミング）の裁量に注目する必要が出てきている（この裁量を承認した最高裁判決として、最判一九八九（平元）・一一・二四＝誠和住研事件）。

村・入門八九頁以下)。

前者の説によれば、司法審査がどこまで及ぶかは、法律の文言と裁判所の判断能力によって決まることになるが、裁判所の判断能力は司法審査の基準やその方法の発展段階によって制約される。

後者の説における侵害的行為を羈束裁量行為とする原則は、法的救済の必要性の強い行為については、裁量が認められる場合にも、広く司法審査が認められるべきであるという思想に基づいている。この思想は、実質説の偉大な功績であり、今後も堅持されるべきものである。そして、この思想は、さらに授益的行為についても適用されるべきであろう。授益的行為であっても原子炉の設置の許可のように、第三者に対しては大きな不利益を及ぼすおそれのあるものがあるからである。[4] 司法審査のあり方との関係では、侵害的行為と授益的行為の峻別論を厳格に維持することは適切ではない。

なお、以上のことに加え、司法審査において、行政の政策的または専門的技術的知見に基づく判断は、それが高度なものであればあるほど、裁判所としては尊重せざるを得ないと考えられる。

以上の検討を整理すれば、行政裁量の司法審査のあり方は次の要素に依存することになる。

(1) 法律の規定の仕方

(2) 司法審査の基準および方法の形成の状況

(3) 法的救済の必要性の度合い

(4) 行政の政策的・専門技術的判断の程度

（1） 公有水面埋立免許については、原告適格が否定されることが多いが（例、最判一九八五（昭六〇）・一二・一七＝伊達火電埋立免許取消請求事件）、そこでは、公有水面埋立免許が自由裁量行為であることを理由にその司法審査が拒否されることはないということが前提となっているのであろう。

（2） 不作為の違法確認訴訟は、まさに授益的行為の不作為を争う訴訟である。

（3） もっとも、最高裁が司法審査を控えた公務員の懲戒処分および医業停止処分は、それぞれ、かつて司法審査が否定されていたいわゆる特別権力関係内部の行為であり、あるいは、医道審議会の意見を聴いて行われる処分であるという特殊性がある。

（4） 原子炉の設置許可の司法審査において、ある判決は、原子炉の災害の重大性、周辺住民に対する利益侵害の重大性から、専門技術的裁量権は、処分当時のわが国における最高水準の専門技術的知見に基づいて行使されることを要するというべきであり、その意味において、本件処分の裁量権の範囲は狭いとする（水戸地判一九八五（昭六〇）・六・二五＝東海第二原発訴訟。この他、福島地判一九八四（昭五九）・七・二三＝福島第二原発訴訟）。

第五節　裁量の踰越濫用の審理と基準

裁量の踰越（範囲の逸脱）または濫用がある場合、裁判所は当該裁量行使に統制を及ぼすことができるが（行訴三〇条）、この場合、いかなる基準により、そしていかなる方法でこの裁量の踰越・濫用の存在を判断するかが問題となる。この基準は、一般的には、条理ないし社会通念に求められるが、行政裁量の行使も憲法の拘束のもとにあるから、裁量の踰越・濫用の判断基準は、憲法との関連においても考える必要がある。

なお、事実誤認が裁量の踰越・濫用の一形態として挙げられるのが通例であるが（事実誤認に関する古典的事例として、最判一九五四（昭二九）・七・三〇＝京都府立医科大学事件）、裁量の余地のない行為においても事実誤認が行政の判断に影響を及ぼしている場合には、当該行為は違法である。法令の解釈の誤りも同様である。

1 実体審理とその基準

行政裁量の行使は、一定の実体的基準に違背している場合には、踰越・濫用として違法になる。裁判所も、裁量の行使の結果に着目し、それが実体的な基準に適合しているか否かを審理することが少なくない。この実体的基準としては次のようなものがある。

(1) 目的拘束の法理　まず、恣意的報復的な目的からの裁量の行使は当然違法であるが、さらに裁量はそれを授権する法律の趣旨・目的にそって行使されなければならない。

例えば輸出貿易管理令旧一条六項は、国際収支の均衡の維持ならびに外国貿易および国民経済の健全な発展をはかるために必要と認められる場合に通産大臣が輸出を制限することを認めるものであり、「〔共産圏〕諸国の潜在的戦力をスローダウンさせることを直接の趣旨、目的とするココムの申合せを遵守するためという国際政治的理由」による通産大臣の輸出不承認処分は、裁量権の範囲を逸脱し、違法である（東京地判一九六九（昭四四）・七・八＝ココム訴訟）。

この目的拘束の法理は法治主義から導かれるものであるが、ただこの原則のあまりに形式的な適用に対しては異論もある。例えば児童福祉施設などの周囲二〇〇メートルの区域内では個室付浴場等の営業が禁止されているが（風俗営業二八条一項）、最高裁判所は、「児童遊園は、児童に健全な遊びを与えてその健康を増進し、情操をゆたかにすることを目的とする施設（……）なのであるから、児童遊園設置の認可申請、同認可処分もその趣旨に沿つてなさるべきものであつて」、個室付浴場業の規制を主たる動機、目的とする児童遊園設置の認可申請を容れた認可処分には、行政権の濫用に相当する違法性があるとする（最判一九七八（昭五三）・六・一六＝山形県余目町個室付浴場業事件。最判一九七八（昭五三）・五・二六＝同も同旨）。しかし、こうした児童遊園認可を適法なものとみる余地もある（阿部・法システム下六六一頁を参照)。

(2) 国民の権利・自由　行政機関に裁量が認められている場合であっても、その行使は、憲法上・法律上認められている国民の権利・自由を不当に制限するものであってはならない。プライバシーを法的根拠なく侵害する立入り検査は違法である(最判一九八八(昭六三)・一二・二〇)し、土地収用がその目的である公共事業に必要な範囲をこえて土地を収用するものである場合には、その範囲で収用は違法である。また、行政行為の付款において相手方の私人が訴訟を提起することを制限することは、憲法三二条に違反する。さらに、在日外国人に対する法務大臣の特別在留許可拒否処分につき、ある判決は、それが原告が長期間にわたって築き上げた日本での安定した生活を一挙に奪い、また妻子の生存にも重大な影響を与えることを一つの理由として、この処分に、裁量(権)の範囲を逸脱しまたは裁量権を濫用した違法があるものとしている(札幌地判一九七四(昭四九)・三・一八。同旨・大阪地判一九八四(昭五九)・七・一九)。

この国民の権利・自由の侵害による裁量行使の違法は、行政措置の相手方の権利・自由の侵害の場合にとどまらず、第三者の権利・自由の侵害がある場合にも考えられるものである。しかし、この法理を適用できるケースは多くない。侵害的行為については、相手方の権利・自由の制限そのものは法律で授権されており、問題はその内容いかんであるし、また、許認可により第三者が不利益を被る場合またはその虞れがある場合、それを権利または法的保護利益の侵害と構成することが困難であることが少なくないからである。例えば公有水面埋立により埋立水域の周辺に漁業権ないし漁業を営む権利をもつ漁民が不利益を被る場合について、最高裁判所は、原告適格の欠如を理由に、法的救済を認めていない(最判一九八五(昭六〇)・一二・一七＝伊達火電埋立免許取消請求事件)。

(3) 憲法原則および条理・社会通念　行政裁量の行使は、さらに、憲法上の諸原則および条理ないし社会通念上の諸原則に違反するものであってはならない。この原則の代表的なものは、平等原則や比例原則である。比例原則とは、達成されるべき目的とそのためにとられる手段（措置）との間に合理的な比例関係が存在することを要請する原則である。この原則および平等原則は、かつては条理と考えられていたが、現在では憲法原則となっている（憲法一三条・一四条）。また、団体への補助金の交付が憲法の政教分離原則に違反するかどうかが問題になることもある。

条理・社会通念について注意しなければならないのは、それがそれ自身としては定まった内容をもっていないことである。裁判例上、しばしば、「社会通念（ないし社会観念）」が審理の基準として用いられることがあるが、その具体的内容が不明確なままでは、結局は行政機関による当該裁量行使を正当化することになりかねない（参照、最判一九七七（昭五二）・一二・二〇＝神戸全税関事件）。

(4) 義務の懈怠　明示的に定められたものではなくとも、何らかの法的根拠により裁量的権限を行使する行政機関に課せられた義務を怠れば、その裁量権行使はやはり違法である。前記の特別在留許可拒否処分事件の裁判例は、相手方外国人の生活を配慮すべき法務大臣の義務に関するものとも位置づけることができる。この他、国家賠償事件では、安全を確保すべき義務の懈怠が国家賠償法一条の違法もしくは過失（例えばいわゆるスモン訴訟判決である金沢地判一九七八（昭五三）・三・一、大阪地判一九七九（昭五四）・七・三一）または国家賠償法二条の営造物の設置管理の瑕疵とされることが多い。ここでも、一種の裁量行使の誤りが問われているのであろう（安全確保義務の懈怠が国家賠償法一条違反に当たる場合とは規制権限の不行使の場合である）。

2　判断過程の審理とその基準

裁量行使に対する裁判所の審理は、その結果に対してのみならず、判断の過程にも及ぶ。すなわち、行政機関が考慮すべきでない事項を考慮し（他事考慮）、また考慮すべき事項を考慮しないことや、考慮において認識や評価を誤ることは、当該裁量行使を違法とする。

この行政機関の判断過程の審理に関して著名な日光太郎杉事件控訴審判決（東京高判一九七三（昭四八）・七・一三）は、「事業計画が土地の適正且つ合理的な利用に寄与するものであること」が土地収用の事業認定の一要件（土地収用二〇条三号）とされているところから、土地が事業の用に供されることによって得られるべき公共の利益とそのことによって失われる利益との比較衡量の要請を導き、そして後者の利益に当該土地が有する文化的諸価値や環境の保全を含ませ、そして、建設大臣の行なった事業認定が「本件土地付近のもつかけがいのない文化的諸価値ないしは環境の保全という本来最も重視すべきことがらを不当、安易に軽視し、その結果右保全の要請と自動車道路の整備拡充の必要性とをいかにして調和させるべきかの手段、方法の探究において、当然尽すべき考慮を尽さず、また、この点の判断につき、オリンピックの開催に伴なう自動車交通量増加の予想という、本来考慮に容れるべきでない事項を考慮に容れ、かつ、暴風による倒木（これによる交通障害）の可能性および樹勢の衰えの可能性という、本来過大に評価すべきでないことがらを過重に評価した点で、その裁量判断の方法ないし過程に過誤があ」るとして、それを違法としている（この判決と同様の審査方法を採ったその後の判決として、札幌地判一九九七（平九）・三・二七＝二風谷ダム訴訟）。このような審査方法は、最高裁判所の判決においても見られるところである。すなわち、最判一九九六（平八）・三・八（＝「エホバの証人」剣道実技拒否事件）は、信仰上の理由により剣道実技の履修を拒否した公立高等専門学校の学生につき、学校長が原級留置処分および退学処分をしたのに対し、代替措置を検討しなかったことをもって違法としているし、また、最判一九九六（平八）・七・二は、外国人の在留期間更新不許可処分につき、行政庁が在留資格が「日本人の配偶者等」から「短期滞在」に変更された経緯を考慮していないことを理由に、違法としている。

考慮すべき事項については法律で定められることもある（例、景観七六条二項。行政計画の策定における考慮事項につい上の執行機関の観念とは異なる。後者は、議事機関である議会（憲法九三条）との対比において、法律や条例の執行を担当する地方公共団体の長や委員会を指すものである。

参与機関および諮問機関は、いずれも行政庁の意思決定に関与する機関であるが、前者の関与が法的拘束力をもつのに対し、後者の関与は法的拘束力をもたない点に違いがある（前者の例として、電波監理審議会〔電波九四条〕。多くの審議会は後者である）。

議決機関とは、議決により行政庁の意思決定に関与する機関であり、行政事項について議決する地方議会がこの例であるが、一種の参与機関といってもよいかもしれない（もっとも、地方議会は一種の立法機関とみることができるから、これを行政機関の分類のなかに組み込むことには、疑問なしとしない）。

監査機関は、他の行政機関の事務処理について監査を行う機関である（例、会計検査院、地方公共団体の監査委員）。

3　行政機関概念の特質と限界

このような行政機関の分類は、行政機関の属性を示すものではなく、その行政機関が権限の行使において果たす機能に着目したものである。例えば地方公共団体の人事委員会は、職員に対する不利益処分についての不服申立につき裁決を行う場合は行政庁であるが、職員の勤務条件等について当該地方公共団体の長に対して勧告を行う場合は、諮問機関的な役割をもつにとどまる。

前述のように、以上の行政機関の類型をもってすれば、行政庁―補助機関が行政組織の法的考察の基本的枠組みであり、これに、参与機関・諮問機関などが加わるのであるが、この枠組みは、個々の行政機関に着目したものであり、行政組織の活動の総体をとらえることができないという限界がある。

第三節　合議制行政機関

1　合議制行政機関

行政機関の多くは、それぞれ一人の自然人により構成される独任制行政機関であるが、複数の自然人によって構成される合議制行政機関も少なくない。独任制行政機関と合議制行政機関の区別は、通例、行政庁についていわれるものであるが、それにかぎられない。諮問機関として、独任制の参与がおかれることもあれば、合議制の審議会がおかれることもある。また、前述のように、ある行政機関が行政庁であるか否かは、その時々の権限行使において果たす役割によって決まるのに対し、独任制か合議制かは、行政機関の恒常的な属性の問題である。前記の例についていえば、地方公共団体の人事委員会は、行政庁として裁決をする場合も勧告を行う場合も、合議制機関として行動している。

合議制行政機関は、当然のことながら、適切な意思決定を行うため、複数の自然人（通例、委員と呼ばれる）によって構成されるもので、独任制行政機関にはみられない特色がある。合議制行政機関の例としては、内閣、行政委員会、審議会を挙げることができる。

2　内　閣

内閣は、内閣総理大臣および国務大臣により構成される合議制行政機関であり、国の最上級の行政機関である（憲法六六条一項、内閣二条一項）。わが国では、行政権限は、原則として、内閣総理大臣を含む各府省の大臣に分配されており、内閣は、予算の作成・国会への提出、政令の制定（憲法七三条）など明示的に認められた権限の他、一定のとくに重要な事項について決定の権限を有するにとどまる。内閣が果たすべき重要な機能は、各省庁間での総合調整であり、内閣における総合調整の結果は、最終的には、内閣総理大臣の指揮監督権・権限争議裁定権および中止権（内閣六条以下）により実現される。

3 行政委員会

行政委員会とは、対外的行為権限を行使することを予定された、すなわち行政庁として行為することを予定された合議制行政機関である。国の公正取引委員会や中央労働委員会、地方公共団体における教育委員会、人事委員会、地方労働委員会などがこれにあたる（国の行政委員会は、国家行政組織法の別表第一において（但し、公正取引委員会および国家公安委員会は内閣府設置法六四条で規定）、地方公共団体の行政委員会は地方自治法一八〇条の五において、それぞれ列挙されている）。行政委員会は、行政庁として行為することを予定されている点で、各府省の大臣や地方公共団体の長と並ぶ存在であり、地方自治法では、地方公共団体の長とともに執行機関とされている。

多くの行政委員会にみられる特徴を抽出すると、複数の委員で構成される合議制の行政機関であることの他、通常の行政組織の階層構造に組み込まれず、職権行使の独立性を認められ、したがって、大臣や地方公共団体の長の指揮監督を受けないこと、その委員が国・地方公共団体の外部から選任されること、委員の選任については国会・地方議会の同意が必要とされ、罷免については理由が法定され、身分保障が図られていること、規則制定権（準立法的権限）が与えられていること、一定の意思決定にあたっては裁判類似の手続がとられること、独自の事務局がおかれることがあることを挙げることができる（例えば公正取引委員会については、独禁二八条以下・五三条以下、地方公共団体の人事委員会・公平委員会については、地公八条・九条の二・一二条）[1]。

4 審議会

審議会とは、行政機関が意思決定を行うにあたって意見を求める合議制の機関である。その委員は当該行政体の外部に求められるのが通例である。これらの点で、審議会には行政委員会との共通性がみられるが、審議会は、独自の対外的決定権をもたない点で、行政委員会とは異なる。審議会の意思決定は行政内部において意味をもつにとどまる。この行政内部での意味の違いにより、前述のように、審議会には、その意見(答申)に法的拘束力を認められる参与機関と、そうでない諮問機関とがある。法律上、行政庁が審議会の「議を経て」または「議に基づき」決定を行うこととされている場合には、この審議会の「議」には法的拘束力があると解するのが実務上の約束である。また、審議会が、法律の文言上は答申に法的拘束力のない諮問機関であるが、その審議会の仕組みの全体から判断して、答申に法的拘束力のある参与機関と解されることもある(東京地判一九六三(昭三八)・一二・二五＝群馬中央バス事件)。

審議会の設置はかつては法律事項であったが、現在は、法律または政令により審議会を設置することが認められている(行組八条。第三章第二節**7**、五四頁以下を参照)。また、こうした正規の手続によらない諮問機関も数多く設置されている。

(1) この行政委員会の制度は、アメリカで発達したもので、第二次大戦後、「行政の民主化」のためにわが国にも導入された。政治的中立性の確保などの点にこの制度のメリットがあるが、行政の能率性の確保、行政責任の原則などの見地からの批判もあり、その後、多くの委員会が廃止され、または、審議会に改組された(例、電波監理審議会)。

第七章　行政機関相互の関係

第一節　行政機関の権限とその行使

1　行政機関の権限

行政活動の法的説明においては、しばしば行政機関の権限という語が用いられる。権限とは、行政機関が法上行うことのできる行為の範囲をいう。権限は権利とは異なる。行政法上、権利は行政体に帰属するのに対し、権限は行政機関に帰属する。権限は、行政体の権利や義務の実現のために行政機関に認められまたは義務づけられる行為を指し示す観念である。例えば公共用に用いられている土地に建物を立て不法に占拠する者があれば、行政体は明渡を求める権利を有するが（これは私人の土地が不法に占拠されている場合も同じである）、この権利の行使のために、法律の定めるところにより、除却の命令を発しさらに代執行を行う権限が、然るべき行政機関に与えられるのである。

なお、権限とは対外的行為を行う権限を指すものと考えられてきたが、これは、従来の行政法理論においては、行政機関の対外的な行為が考察の対象とされてきたことによる。しかし、今日では、行政組織の内部関係についても法的な考察が必要であるから、対外的な行為のほか、内部的行為の権限についても語ることが必要であり、それは可能であると思われる（杉村・講義上巻八一頁注2）。

2　権限分配の原則と指揮監督の原則

行政機関の権限の行使に関する重要な法原則として、権限分配の原則と指揮監督の原則がある。前者は、法治主義の原則から導かれるもので、権限は法律によってその権限を割り当てられた行政機関によって行使されなければならないという原則である。この原則によれば、他の行政機関が、権限の行使に介入することは許されない（もっとも、指揮監督の原則により、上級機関の指揮監督は認められる）。権限分配の原則は、法治主義の見地から認められるものであるが、分権化の契機をもつ点で自由主義的な方向性をもっている。

指揮監督の原則は、権限行使において、上級行政機関に、下級行政機関に対する指揮監督の権限が認められるという原則である。この指揮監督の原則ないし上級行政機関の指揮監督権は、法律の明示的な承認をまたず、行政組織の統合のため当然に認められるもので、機能的には、行政組織の集権化の機能をもつものである。

第二節　行政機関の権限行使の監督

1　上級行政機関の指揮監督

個々の行政機関の行為が全体としての統一性を保つため、行政組織は、前述の行政委員会のような例外はあるが、原則として、ピラミッド形の階層的構造（ヒエラルヒー）をとる。このヒエラルヒーの頂点にあるのは、国の場合は各府省の大臣であり（さらにそのうえに内閣が位置する）、地方公共団体の場合はその長である。そして、このヒエラルヒーの維持のために、上級行政機関には、下級行政機関に対する指揮監督の権限が認められる（内閣府設置七条六項、使をめざすものではない。したがって、本来権限を行使すべき機関が権限を行使することが可能であるにもかかわらず他の機関に代理させることは許されない。この意味で、代理は必要やむをえない場合に限って認められるものである。それゆえ、代理に伴う権限行使機関の変更はできるだけ小さいことが要請される。法令に別異の規定があればともかく、そうでなければ、可能なかぎり被代理機関の直近の下級機関が代理機関とされるべきである。

代理機関が被代理機関の下級機関である場合には、両機関の間には当然指揮監督関係が存在する。代理が上下の関係にある行政機関の間で行われるものであるとすると、それ以外の場合の被代理機関と代理機関との間での指揮監督権の有無を論じる必要はない。

なお、大臣や地方公共団体の長が欠ける場合の代理においては、代理機関は多くの場合下級機関であるが、上級機関である被代理機関が、個々の問題についてその時々に指揮監督権を行使することは実際上できないこともあろう。しかし、法律上、指揮監督権が消滅していると解する必要はない。

(3) 権限の代理の要件と限界　権限の代理の要件ないし限界としては、まず、法律の根拠の要否が問題となる。法定代理については、法律の根拠が存在しているから、問題になるのは授権代理である。この問題については、学説上も一致をみていない。必要説と不要説とがあり、また、原則的には必要説をとりつつ、重要でない権限の一部の代理については不要説をとる見解もある（必要説として、杉村・講義上巻八二頁、菊井康郎「権限の委任と代理」講座第四巻一四三頁、不要説として、原田・要論五四頁、塩野・行政法Ⅲ三二頁、第三説をとる説として、広岡・総論五四頁）。前述の権限分配の原則に照らせば、必要説または第三説が正当であろう[1]（藤田・組織法六七～六八頁も参照）。

代理は、必要やむをえない場合に、また、その範囲で認められるものであるから、必要性の存しない権限についてはは代理は認められない。この意味で、原則としては、権限の一部についてのみ代理（一部代理）が認められることになる。他方、現行法上認められている法定代理は、被代理機関がまったく権限を行使できない場合のものであって、その機関が有するすべての権限について代理が行われることになる（全部代理）。しかし、右の必要最小限度の要請は妥当するし、大臣の海外出張に伴う代理の場合など、一定期間ののちには大臣の権限行使が可能になるのであるから、代理機関としては、代理の性質上、権限行使をできるだけ抑制することが要請される。

また、これは権限の委任についても妥当することであるが、権限の代理になじまない権限がある。すなわち、行政委員会や審議会のような合議制機関の権限は、当該機関の組織構成に着目して与えられたものであるから、代理は認められない。

代理が行われる場合、授権代理についても、訓令・通達により行われ、公示は不要と解されている。代理の前記のような性質によるものであろう。

4　専　決

専決とは、法律により権限を与えられた機関が補助機関にいわゆる決裁の権限を委ねるものである。行政実務上、常時行われるものが専決と呼ばれ、専決する者が不在の場合に行われるものが特に代決と呼ばれている。

専決は、行政組織内部の事務処理方式であるが、最終的な決裁の権限が補助機関に与えられている点で、通常の内部的事務処理方式とは異なる。通常の内部的事務処理においても、大臣や地方公共団体の長などの権限行使には多数の補助機関たる職員が関与するが、最終的には大臣や地方公共団体の長が決裁を行う。これが困難である場合に、この大臣や地方公共団体の長の決裁を経ない事務処理方式として、専決という手法が用いられているのである。他方、大臣や地方公共団体の長による決裁が困難ないし不適切である場合の一つの対処の方法が、権限の委任である。専決は、対外的には当該権限の行使が本来の行政機関の名と責任において行われる点、法律の根拠や手続を要しない点、事務処理体制自体には本来の事務処理の場合と変更がない点などにより、委任と区別される（専決を任された公務員が違法に公金を支出すれば、損害賠償責任を問われる。最判一九九一（平三）・一二・二〇）。

専決は、内部的事務処理方式として、法律の根拠を要しない。しかし、行政委員会がその事務局の職員に専決させることは、行政委員会制度の趣旨に照らすと無条件に許されるものではない。

（1）もっとも、現行法上、内閣法では、内閣総理大臣や主任の大臣が欠けた場合について代理をおくことを定め（内閣九条・一〇条）、地方自治法は地方公共団体の長に事故がありまたは欠けた場合の代理について定めている（自治一五二条）。したがって、権限の代理と法律の根拠の問題が生ずるのは、大臣や地方公共団体の長以外の機関（下級機関と呼ぶことにしたい）が欠けた場合である。個別の法律上も、これらの機関については、代理については規定がおかれていない。そこで、この法の沈黙をどのように理解するかということが問題になるが、第一に、下級機関が行政庁としての対外的行為権限を与えられている例は多くない（例、税務署長、建築主事）。第二に、下級機関の権限行使について、代理を認める法律の規定がない現行法のもとで代理には法律の根拠が必要であるとの原則を貫いても、実務上は、後述の専決（あるいは代決）などの方式が用いられることになるものと思われる。これらの二つの理由から、現行法の問題としては、権限の代理に法律の根拠がいるかどうかを論じる意味は小さい。

第四節　行政機関の協働

前述のように、行政組織において妥当する基本的な法原則は、権限分配の原則であり、指揮監督の原則である。そして、前者の原則は権限行使における行政機関の独自性、ひいては縦割り行政を根拠づけるものであり、また、後者の原則は、上級行政機関の意思の優位を指摘するものである。しかし、今日の行政組織における行政機関相互の関係は、縦割り行政と上意下達の関係としてとらえるだけでは十分ではない。近年においては、行政機関の横の関係の形成がみられ、また、上級機関の意思形成における下級機関の意思の反映の制度もわずかではあるがみられる。

まず、横の関係の一つの形態は、行政機関相互間での協議である（首都圏整備二四条二項、農振地域三条の二第三項・四条六項、河川三五条、循環型社会一五条五項、容器包装四二条、経済産業省設置四条二項、大規模小売店舗四条一項、感染症九条四項。なお、最近の法律では、協議という手続を超えて、協議会という組織の設置が定められることがある。景観一五条、都市再生一九条、自然再生八条。この協議会には地域住民や私的団体も参加するから、それは公私協働の場としての意味を持つ）。

横の関係の第二の形態は、権限行使の勧告ないし要請である。例えば環境大臣は、「環境の保全に関する基本的な政策の推進のため特に必要があると認めるときは、関係行政機関の長に対し、環境の保全に関する基本的な政策に関する重要事項について勧告」することができる（環境省設置五条二項。さらに、内閣府設置一二条二項、総務省設置六条一項、国公二二条一項、労基一〇〇条一項）。また、都道府県知事は、自動車の排気ガスによる大気の汚染が一定の限度をこえていると認めるとき、都道府県公安委員会に対し、道路交通法に基づく措置をとることを要請するものとされている（大気汚染二一条一項）。

次に、上級機関の意思形成における下級機関の意思の反映の制度としては、国の機関が決定を行う場合の下級機関の意見の聴取（逆に言えば意見の具申）がある。例えば、総務大臣や特命担当大臣は、一定の事項について内閣総理大臣に対し意見の具申ができる（総務省設置六条七項、内閣府設置一二条四項）。この他、国の機関の意思の決定にあたり、地方公共団体の長の意見の具申ないし聴取が定められることは少なくない（河川三六条一項、国土利用五条三項、環境基本一七条五項）。

以上のような現象は、なお確固たる法原則の形成には至っていないが、行政組織のあり方に関する新たな契機として注目されるのである。

Ⅳ　権力的行政活動

政法上巻一六六頁、広岡・総論一二一頁）の違いはあるが、法律の授権を要しないものと考えられている。

2　行政規則の形式と内容

行政規則は、その性質上、政令・省令などの形式をとる必要はなく、行政組織の内部で例えば要綱として定められ、必要に応じ通達により周知される。したがって、行政規則は法的拘束力をもたない。もっとも、法律により、審議会の内部事項の定めのような行政規則が、例えば政令の形式をとることを命じられていることがある（例、都市計画七七条三項）。

行政規則の内容としては、行政組織のあり方や事務処理の手順についての規定が典型的なものである。ただ、行政機関が定める規範のうち前述の法規命令または政令・省令などの命令以外のものを行政規則ととらえると、その範囲はかなり広くなり、そこには種々の規範が含まれることになる。「行政手続法」が制度化した審査基準および処分基準（行手五条・一二条）も、行政規則と整理されることになろう。

第四節　その他の規範

以上のように、行政機関によって定立される規範は法規命令と行政規則に二分されるが、その法理を整理すると次頁のようになる。

しかし、行政機関によって定立される規範がすべてこのような法規命令または行政規則としての一貫した性質を備えているわけではない。いわば変種が存在するわけであるが、そのうちでもっとも大きな問題をはらんでいるのは、国民の権利義務に関する規範でありながら、法律の根拠をもたず、したがって、政令・省令などの命令の形式をとっ

	規律対象	法律の授権	形式	法的拘束力
法規命令	国民の権利義務	あり	政令・省令などの命令	あり
行政規則	国民の権利義務以外の事項または行政内部事項	なし	特定の形式は不要（通達・要綱など）	なし

ていないものである。これには、さしあたり次のようなものがある。

① 裁量基準　裁量基準についてはすでに言及したが（第五章第六節、八六頁以下）、ここでは、法規命令・行政規則の法理との関係が問題になる。すなわち、第一に、裁量基準は、多かれ少なかれ国民の権利義務に関係するものであるから一種の法規命令であり、その定立には法律の授権が必要ではないかという問題がある。しかし、裁量権行使の客観性を保障しまた国民の側からの予測可能性を確保するためには、たとえ法律の授権がなくとも基準の定立が望ましいと考えられる（第五章第六節**1**、八六～八七頁を参照）。「行政手続法」も、申請に対する処分についての審査基準と不利益処分についての処分基準の制度を設けるにいたっている（行手二条八号ロ・ハ、五条、一二条。第一七章第五節、二九二頁以下を参照）が、これらの制度は、基準制定についての法律の授権があることを前提とするものではない。

第二に、裁量基準の法的拘束力の有無が問題になる。この問題も、法規命令・行政規則の法理に照らすと、消極的に解されそうであるが、裁量基準は、司法審査との関係においても一定の意味をもっている（第五章第六節**2**、八七～八八頁を参照）。

② 要　綱　ここでは、補助金給付要綱や宅地開発指導要綱を念頭におこう（いわゆる要綱行政および国において定められている要綱の例については、第一五章補論、二六四頁以下を参照）。これらは、法律・条例の授権との関係では、それを欠き法律・条例に代えて制定されているところに一つの特徴があり、このため、法律・条例の授権が必要ではないかという問題がある。そして、この問題とは別に、要綱の制定の当否が問題となるが、前記の裁量基準と同じ趣旨で、その制定が望ましいであろう（行手二条八号ニ・三六条を参照）。

次に、法的拘束力については、補助金要綱の場合、要綱違背によって補助金を得ることができなかった者が、要綱違反を違法として救済を求めることができるかどうかが問題になる。要綱は本来法的拘束力をもたないものであるが、非権力関係においてかつ相手方がその適用を要求しているのであるから、法的拘束力を認める余地があろう。また、宅地開発指導要綱については、制裁措置との関係でその法的拘束力が問題になっている（第一二章第四節**2**、二二〇頁以下を参照）。

③　いわゆる営造物利用規則（国公立学校の内規、施設の利用規則など）　営造物利用関係は、従前は特別権力関係と把握され、その利用に関する規則も法律の根拠を要しない行政規則と考えられていた。しかし、それが利用者の権利義務に関わるものであることは明らかであるから、少なくともその基本的事項については法律事項と解する余地がある（杉村・講義上巻九頁注1は法規と解している）。また、利用規則に反する取扱いを受けた者が、利用規則違反を違法として、法的救済を求めることができるかという問題がある。

第九章　行　政　行　為（行政処分）

第一節　行政行為の概念

1　行政行為概念の必要性

資本主義社会における法関係の形成の基本的形式は、契約である。そして、行政活動の分野においてもこの契約の形式が用いられることもあるが、これ以外に、さらに特別の行為形式が用いられることも少なくない。その一つが行政行為である。行政行為とは、行政と国民との間または国民相互の間での法効果の発生・変更・消滅の段階で行われる行政の行為であって、公権力の行使としての性格をもつものである。

このような行政行為の概念を定立し使用することに対しては、批判的な見解もある。しかし、例えば道路交通法に基づく自動車の運転の免許や建築基準法に基づく建築の確認は、いずれも国民の側からの申請に基づいて行われるものであるが、これらを契約として把握する者はいないであろう。やはり、契約とは異質の権力的な法行為を指す概念として、行政行為の概念を用いることが必要であると思われる。

2　行政行為論の性格と重要性

行政行為の概念は法律上は用いられていない。それは、私人間における行為形式である契約に対応する行政の主たる行為形式として学問上構想されたものである。そして、行政行為に関する理論は、行政法の理論体系のなかで大きな比重を占めていた。ただ、今日では、行政の分野においても契約などの非権力的な行為形式が用いられることが多くなりつつあり、それに応じて、行政の行為形式としての行政行為の比重は相対的に低下してきている。しかし、公行政の性質上、法効果の一方的設定という機能をもった行政行為は、やはり最も主要な行政の行為形式なのであり、かつ、行政行為の理論は、他の行為形式に関する理論に比べると、相対的により豊かな内容（それに対する評価は別である）をもっているのである。

3　行政行為概念と行政処分概念

右に述べたように、行政行為の概念は法律で用いられているものではなく、理論的に構想されたものである。他方、法律上は、この行政行為に類似した概念として処分の概念が、わが国の行政法制度の骨格ともいうべき法律において用いられており、また、それの定着が図られているようである。すなわち、行政事件訴訟法および行政不服審査法が処分の概念を用いているが、「行政手続法」もこれに倣った。

ここで、行政法理論上も、もはや行政行為の概念を使わず、処分（または後述の行政処分）の概念を用いる方がよいのではないかということが問われることになる。

たしかに、これら三つの法律における処分の概念がまったく同じものかどうかという問題があるし、それらと行政行為概念との関係も問われるところである。少なくとも、行政事件訴訟法や行政不服審査法上の処分の概念は、行政行為の概念と同一ではない。例えば行政不服申立に対する行政庁の裁決・決定は前者に含まれないが、後者に含まれる。逆に、立法行為・行政計画・事実行為の一定のものは前者に含まれるが、後者に含まれない。また、「行政手続法」は、「処分」を「行政庁の処分その他公権力の行使に当たる行為をいう」と定義し、処分には、同法上の（広義の）ものとは別に、狭義の処分があることを前提にしている。

しかし、処分の概念が行政行為を中核とするものであり、両者の親近性を否定することはできない。そこで、理論的厳密さはともかく、行政法・行政法理論への接近を容易にするためには、学説上も、処分の概念を用いることが検討に値することになる。その際には、まったくの法律上の用語ではなく、理論上の概念であるということを表現するために、「行政処分」という概念を用いるのがよいであろう（また、法律上も、処分の定義ないし説明においては、「行政庁の」という語を冠している。行政処分概念を使用する学説として、兼子・総論とくに八九頁、同・行政法学とくに八〇頁、小早川・行政法上とくに二七八頁以下を参照）。

もっとも、本書では、旧版までは行政行為の概念を用いてきたという経緯もあり、また、その独自の意味も残すため、行政処分への用語の切り替えを行っていない。ただ、第一七章（二七六頁以下）における「行政手続法」の説明では、同法の用語に従い、処分の概念を用いている。

4　行政行為の概念とその指標

行政行為については法律上特別の取扱いが認められているし、また、それに関する理論もかなり蓄積されている。したがって、これらの妥当範囲を画するためにも、行政行為の概念を厳密に確定しておく必要がある。行政行為は、行政機関が、公権力の行使として、対外的に、具体的な規律を加える法行為と定義できる。

(1)　まず、行政行為は行政府（行政機関といってもよい）の行為であり、したがって、立法府や司法府の行為は行政行為ではない（司法行政上の行為や議会の行為も行政処分として抗告訴訟の対象になることがあるが、これは救済のための措置効果の発生と結びつけられているものをいう。例えば公有水面の埋立の竣功の「認可」、土地収用の事業の認定、健康保険法上の被保険者の資格取得の認定、あるいは公害病患者の認定があると、行政庁の意思いかんにかかわらず、法律で予定された一定の法効果が生じる。確認は、法律上予定された法効果の発生を行政庁の認定行為にかからしめるものであり、したがって、行政庁は、いかなる法効果を発生させるかという点については裁量を有しない。しかし、要件事実の存否の認定の段階において裁量を有することがあるし（例、土地収用の事業認定）、また、この認定を対外的に表示する時期（タイミング）についても裁量が認められる（例、建築確認[3]）ことに注意しなければならない。

確認と性格づけられる行為も、法効果の内容からみると、多様である。租税の更正・決定は、確認と性格づけられている。これは、実体法上確定されている租税債務が更正・決定により具体化されるという仕組みを表現するものである。しかし、租税の更正・決定は、義務賦課行為の性格をも持っている。また、建築基準法上の建築確認は、やはり、裁量のない行為であることを強調するため確認と呼ばれているが、機能的には一種の許可である。さらに、土地収用の事業認定については、確認とみる説があるが、特許とみる説もある。

(2) 公　証（証明）　公証とは、特定の事実や法関係の存在を公に証明する行為である（例、選挙人名簿への登録、不動産登記簿への登記）。公証は、特定の事実などの存在についての判断を内容とするが、その目的に照らし、証明書の交付・登録・登記などの形をとる点において確認とは区別される（登録については、本節の補論**2**、一三九頁をも参照）。

(3) 通　知　通知とは、特定の事実または行政庁の意思を了知させる行為で、法律上一定の法効果に結びつけられたものである（例、特許出願の公告）。法効果を伴わない通知は行政行為としての通知ではない（法効果を比較的広く解するものとして、最判一九七九（昭五四）・一二・二五＝ポルノグラフィー税関長通知事件。行政上の代執行の戒告につき、第一〇章第三節**3**(3)、二〇四頁を参照）。

(4) 受　理　　行政行為としての受理とは、届出・申請などの申出を適法なものとして受領したことを表示する行為で、法律上一定の法効果の発生と結びつけられたものである。すなわち、それは、申出の適法性についての審査・判断を伴い、かつ、一定の法効果の発生を伴う点において、申出の単なる受付とは区別される（婚姻の届出の効力の発生と受理につき、民法七三九条・七四〇条を参照）。私人が一定の行為を適法に行うための要件として行政機関への届出が義務づけられている場合、受理があることによって不作為義務の解除という法効果が生ずる。この場合の受理は、すでに述べた許可と類似する（この点については、本節の補論**1**、一三五頁以下をも参照）。

4 その他の分類

(1) 第一次処分・第二次処分および争訟裁断行為　　行政行為は、それが行われる段階により、第一次処分、第二次処分および争訟裁断行為に分けられる。許可・認可・特許などは第一次処分であり、これらを変更・撤回しまたは取消す行為は第二次処分である。争訟裁断行為は、第一次処分、第二次処分のいずれであるかを問わず行政行為に対して提起される不服の申立に基づき行政と相手方との間での争いを裁断する行為であり、決定・裁決などと呼ばれる（行政機関が国民相互間の争いについて裁断を下すこともあるが、この行為は第一次処分の一つの形態として理解できる）。

(2) 職権による行政行為と申請に基づく行政行為　　行政行為のなかには、行政庁の職権で行われるものもあるが、相手方の申請に基づいて行われるものもある。後述の侵害的行為は通例職権によって行われ、許可・認可・特許のような授益的行為は通例、申請に基づいて行われる。「行政手続法」は、これを「申請に対する処分」と呼んでいる。行政庁が申請された行政行為を行うことを拒否する行為も一つの行政行為であり（いわゆる拒否処分）、裁判上争いの対象となることが多い。これに対し、申請があったにもかかわらず行政庁が応答しないこと（不作為）は行政行為ではないが、申請後一定期間が経過しても行政庁の応答がない場合には拒否処分があったものとみなされることがある

（＝みなし拒否処分。例、生活保護二四条四項。逆のみなし認容処分の規定例として、所得税一四七条）。

(3) 侵害的行政行為と授益的行政行為　行政行為は、相手方に対して不利益を与えるかそれとも利益を与えるかを基準として、侵害的行政行為と授益的行政行為とに区別される。下命・禁止や授益的行為の取消・撤回は前者にあたり、許可・認可・特許や侵害的行為の取消・撤回は後者にあたる。侵害的行政行為と授益的行政行為との区別は、傾向的なものであるが、法律の授権、行政手続、行政行為の取消・撤回などの問題において意味を与えられている。「侵害的」という用語法に対しては、近年強い批判があり、侵益的行政行為、負担的行政行為あるいは不利益処分という用語が用いられることもある。しかし、いずれの語も定着したとはいえない。本書では一応侵害的行政行為という観念を用いることにしたい（「行政手続法」は不利益処分の語を用いている。行手二条四号を参照）。

なお、行政行為の中には、相手方には利益を与えるが第三者には不利益を与えるものや、その逆のものがあり、二重効果的行政行為（または第三者効を有する行政行為）と呼ばれている（例、建築確認、土地収用の権利取得裁決[4]）。

(4) 行政庁の構成や手続を基準とする行政行為の区別　行政行為は、それを行う行政庁の構成を基準としても、また、それが行われる際の手続を基準としても、区別される。この基準によれば、一方の極には独任制行政庁によりなんらの特別の手続も経ずに行われる行政行為があり、他方の極には独立の合議制行政庁たる行政委員会により裁判類似の手続を経て行われる行政行為（行政審判という。第一七章第六節**2**、二九八～二九九頁を参照）がある。

(5) 要式行為と不要式行為、要受領行為と不要受領行為　前者は、行政行為が一定の形式（例、書面）をとることを要するか否かを基準とする区別であり、後者は、行政行為がその効力を生じるために相手方の受領を要するか否かを基準とする区別である。

(6) 実質的行政行為と形式的行政行為　これまで説明してきた行政行為は、もともと公権力の行使たる性質をもつものであるが、この他、本来は非権力行政作用としても把握できるものであるが、争訟法上の見地から、形式的・技術的に行政処分として取消訴訟の対象とされるものがある。このような行為を形式的行政行為または形式的行政処分という。そして、これと対比するとき、本来の行政行為を実質的行政行為という。形式的行政行為には、生活保護法による保護の決定および実施に関する処分（生活保護六九条を参照）、公務員の不利益処分（国公九二条の二、地公五一条の二を参照）、行政財産の目的外使用許可（自治二三八条の七を参照）のように、法律の明示の規定により取消訴訟の対象とされているものと、理論上取消訴訟の対象とされるもの（一定の行政指導、行政計画など）とがある（形式的行政処分の概念に対し消極的な説として、塩野宏・行政法Ⅱ（第二版、一九九四）九四頁注3、小早川・行政法上二八〇頁）。

(7) 覊束行為と裁量行為　法令の規定に照らし行政庁に行政行為をなすにあたって裁量権が与えられているか否かの区別である。裁量行為は、さらに、覊束裁量行為と自由裁量行為に分けられる（第五章第四節、七四頁以下を参照）。

補論　届出制・登録制

ここで、許可制に類似するところのある制度であるにもかかわらずこれまで行政法の体系のなかであまり論じられることのなかった届出制・登録制について、ふれておこう。

1 届出制

届出は、私人が行政機関に対して行う行為であるため、従来は、行政行為の一類型としての受理（一三二頁を参照）との関係で言及されるだけであった。しかし、届出制は、行政目的達成のための一つの重要な行政手段である。また、「行政手続法」には、一カ条ながら、届出についての規定がおかれている。したがって、届出制は、法理論的な検討を怠ることのできない事象である。

(1) 届出の種別　私人が行政機関に対して行う届出は、形態的には一定の事実の通知であるが、その法的意味いかんにより、単なる事実の通知としての届出と、届出をすることによって一定の行為を適法に行うことができるようになるという法効果（つまり法律上の禁止を解除するという法効果）をもった届出とに区別することができる（辻正美・民法総則（一九九九）四四頁も、報告的届出（例、出生の届出）と創設的届出（例、婚姻の届出）とを区別している）。

前者の届出は、行政機関が関心をもつ事実についての情報の収集・状況の把握のためのもので、事故の発生や事業の廃止などについて定められている（例、感染症発生時の医師・獣医師の届出義務につき、感染症一二条一項・一三条一項、事故の発生時の届出につき、火薬四六条一項、高圧ガス六三条一項、原子炉六三条、廃業の届出につき、警備業一〇条一項）。

後者の法効果を伴う届出は、法律上禁止されている行為を私人が行うに際して行うことを義務づけられるもので、許可制をとることも可能であるが、立法政策的考慮からそれに代えて採用されているものである。例えば風俗営業規制法では、個室付き浴場業のような店舗型性風俗特殊営業を営もうとする者は、都道府県公安委員会に届け出なければならないが（風俗営業二七条一項）、この届出制は、許可制に代えて定められたものである（なお、法効果を伴う届出であるが、国籍離脱の届出のように許可制に代わるものとはいえないものもある）。

「行政手続法」は、届出を「行政庁に対し一定の事項の通知をする行為（申請に該当するものを除く。）であって、法令により直接に当該通知が義務づけられているもの（自己の期待する一定の法律上の効果を発生させるためには当該通知をすべきこととされているものを含む。）をいう。」と定義しているが（二条七号）、「行政庁に対し一定の事項を通知する行為」が右の事実上の行為たる通知としての届出であり、かっこ書の中で言及されている届出が法効果を伴う届出である。

(2) 命令・勧告を留保した届出制　法効果を伴う届出の一つで独特の性格をもっているのは、公害関係法律などで採用されている、施設の設置などについての命令または勧告の権限を留保した届出である（例、大気汚染六～一〇条、水質汚濁五～九条、自然環境二八条、国土利用二七条の四以下、廃棄物処理九条の三）。環境に有害な影響を与える施設の設置については、本来許可制を採用すべきであるともいえるが、企業活動の自由の保障の見地から、届出制を採用するとともに、行政庁に命令または勧告の余地が与えられているのである。そして、一定の期間内に行政庁の命令または勧告がなければ、事業者は届出に係る施設の設置などを行うことができる（禁止の解除）。すなわち、この制度は、行政庁の応答がなくとも禁止が解除されるという届出制のメリットを利用したものである。

(3) 届出の法的取り扱い　「行政手続法」は届出について一カ条の規定をおき、届出が形式上の要件に適合している場合、それが提出先である行政機関の事務所に到達したときに、届出をすべき手続上の義務が履行されたものとすると定めている（行手三七条）。この規定は、届出が形式的要件を充たしているにもかかわらず、行政機関がこれを受理しなかったり返戻することを抑止するというすぐれて実践的な意図のもとに設けられたものである。この規定の法意に関連するが、届出の法的取扱いについては、いくつかの問題がある。

まず、「行政手続法」三七条が「形式上の要件」について定めていることに対応し、届出についての行政庁の審査は形式上の要件に限られ、実体的な要件についての審査は行われないという理解がありうる（参照、塩野・行政法Ⅰ二八六頁）。しかし、実体的要件の審査が行われるかどうかは、法律における要件の定め方によるのであり、届出制においては、法律上実体的要件の定めはないと一般的にいうことはできない。前述の命令・勧告を留保した届出制においては、届出後一定期間内に届出に係る施設の設置などの法定要件が充足されているかどうかの審査が行われるが、この要件には実体的要件が含まれ、したがって、行政庁の審査は実体的要件の審査を含んでいる（例えば大気汚染防止その一つであるが（三二五～三二六頁を参照）、そもそもその前提となる第三者への告知が法的要請になっていないのが現状である。どの範囲の第三者に、どのような内容の告知を行うかという問題はあるが、第三者利害関係人をまったく「蚊帳（かや）の外」におくことは適切ではない。当該行政行為について強い利害関係を有する第三者（その範囲は、行政行為が行われるに至るまでの行政庁と第三者とのやりとりで行政庁にとっては分かっているのが通例である）に対しては、少なくとも行政行為が行われた旨およびその概要についての通知が必要であろう。なお、「行政手続法」九条一項は、行政庁が、申請者に許認可等に関する情報を提供することに努めるべきことを定めているが、利害関係を有する第三者も同様に扱われるべきである。

（3） 電子情報処理組織による申請および行政行為の通知につき、行政手続オンライン化法三条・四条を参照。

第四節　行政行為の効力

告知により相手方が行政行為について了知することのできる状態におかれたときに、その相手方との関係で、行政行為の効力が生じるのであるが、この告知による行政行為の効力の発生については、次の三つのことに注意する必要がある。すなわち、第一に、行政行為の効力には、後述のように、複数のものがあること、第二に、これらの効力が告知によって一挙に生じるわけではないこと、そして、第三に、複数の効力が各行政行為に一律に備わっているわけではなく、行政行為の中には、一定の効力をもたないものがあることである。

これらの点に留意しつつ、以下において、行政行為の効力を順次みていこう。

A　拘　束　力

行政行為は一つの法行為であって、法律または行政庁により決定された法効果を有し、当事者すなわち行政体および相手方はこれを尊重・遵守しなければならないが、このことを、行政行為の効力としてとらえたとき、拘束力という。拘束力が及ぶのは、当該行政行為の相手方その他の関係人（権利の承継人など）および行政行為を行った行政庁が属する行政体である（塩野・行政法Ⅰ一二六頁以下では、拘束力は挙げられず、規律力が挙げられている）。

B　公　定　力

1　公定力の概念

行政行為は、たとえ違法であっても、行政庁自らが職権により取消しまたは撤回する場合は別段、相手方等の争訟（訴訟または不服申立）の提起に基づき行政庁または裁判所が取消の措置をとらない限り、一応有効に通用する。これを行政行為の効力として表現したのが公定力である。

例えば課税処分は、たとえ違法であっても、税務署長の職権取消や不服申立・取消訴訟の提起に基づく取消がなければ、税金を納めていないと、納税の義務があるものとして、滞納処分などが行われる。また、土地収用の事業認定がたとえ違法であっても、これに対して法的措置をとらなければ、収用裁決が行われる。これらの場合において、課税処分や事業認定が法制度上有効に通用しているとみることができる。このことを、行政行為の効力として表現する場合、公定力というのである。

私法上の法律行為は、たとえそれが契約の解除のような一方的行為であっても、その適法性について当事者間で争いがあれば、裁判所の判決による義務の確定があるまでは、相手方は、その行為に従うことを要求されない。したがって、右のような行政行為の取扱いは私法上の行為にはみられないものであり、公定力は行政行為に特有の力であるということができる。また、それは、前述のように（本章第一節**4**(4)、一二五〜一二六頁）、行政行為の実現の局面における権力性を示すものである。

2　公定力の機能ないし意味

公定力の概念の使用例をみると、この概念には次のような三つの機能ないし意味が与えられている。

第一に、服従強制である。すなわち、公定力は、行政行為が拘束力を有することの承認を強要または要求する力と説明される（田中・行政法上巻一三三頁、杉村・講義上巻二〇六頁）。この説明においては、公定力は、国民に対して違法の行政行為への服従を強制するものと考えられているのである。

第二に、取消訴訟の排他的管轄である。すなわち、行政行為は公定力をもつため、取消訴訟によってのみその効力を否認することができるといわれ、あるいは、公定力の根拠づけとして、取消訴訟の排他的管轄が挙げられることがある（多くの学説が一致するところである）。取消訴訟の排他的管轄とは、ある者が行政行為により形成された法関係または権利義務に不服がある場合も、この法関係または権利義務を民事訴訟や当事者訴訟で直接に争うことはできず、取消訴訟により行政行為の取消を求めなければならないということを意味する。(1) 取消訴訟の排他的管轄が公定力によって根拠づけられるとみれば、それは公定力の機能ということができるが、公定力が取消訴訟の排他的管轄として説明される場合には、それは、公定力の中身そのものであるということができる。

第三には、後続行為（特に強制執行行為）の正当化を挙げることができる。すなわち、行政行為が違法であっても、後続行為が違法でないということを説明するために、行政行為の公定力が援用されることがある。先行行為が違法であるにもかかわらず、その公定力によって、後続行為が違法性を帯びないこととされるのである。

これらのうち、第一の服従強制は、戦前以来、公定力の中身として考えられてきたものであり、今日でも、公定力の中身としてしばしば挙げられるものである。戦前は、公定力は国家の権威などから説明されたから、その中身として、この服従強制を挙げることができた。しかし、今日では、このような説明は、法制度上の根拠を欠くものというべきであろう。

第三の後続行為正当化は、特に強制執行行為との関係で問題となるが、違法の行政行為の強制執行が適法となるか否かは、公定力の問題としてよりは、強制執行制度の問題としてとらえるべきものである（第一〇章第四節**1**、二〇五～二〇六頁を参照）。また、後続行為の正当化の問題一般は、違法性の承継の問題（違法性の承継とは、連続して行われる複数の行政行為の間で違法性が承継されるという現象を指す。詳しくは、芝池・救済法七一頁以下を参照）として考えられるべきである。[2]

今日、公定力の中身として考えられるのは、第二の取消訴訟の排他的管轄である。それはまた、公定力の根拠ともいえるものである。

3　公定力の根拠としての取消訴訟の排他的管轄

先にも述べたように、この公定力は、戦前においては、行政行為が国家権威の表れであることなどから根拠づけられた。また、戦後においても、統治権の本質や権力分立制に根拠を求める見解も存した（田上穣治「行政行為の公定力」・講座第二巻八六～八七頁）。こうした考え方は、実体法的公定力理論と呼ばれる。また、行政行為を判決に類似のものとみることによって公定力を根拠づけようとする一種の手続法的考え方もある。これに対し、近年支配的になりつつある考え方は、公定力を、もっぱら、取消訴訟の排他的管轄によって、または排他的管轄として、説明するものである（藤田・行政法Ⅰ二一二頁、塩野・行政法Ⅰ一三一〜一三三頁）。この説によれば、公定力は、法律に先立って行政行為に内在する効力ではなく、行政事件訴訟法が行政行為について取消訴訟の排他的管轄を定めた立法政策にその根拠をもつものと考えられることになる。

たしかに、取消訴訟の排他的管轄のもとでは、国民の側からの取消訴訟の提起および裁判所の取消判決がないかぎり、行政行為は、違法であっても事実上通用することになる。したがって、公定力とは、このような行政行為についての取消訴訟の排他的管轄が認められる制度のもとで、行政としては、相手方が取消訴訟を提起して行政行為の効力を争わないかぎり、事実上この行政行為を有効なものとして取扱うことができるという、行政行為の事実上の通用力の法理論的な表現であるというべきである。

4　公定力の主観的範囲

取消訴訟の排他的管轄は行政行為の相手方以外の第三者にも及ぶのであり、この意味で、公定力は、行政行為の相手方以外の第三者にも及ぶ。また、取消訴訟の排他的管轄は、民事訴訟や当事者訴訟により行政行為の効力を否定することを禁じるものであるから、この意味では、公定力は、当該行政行為の取消訴訟が係属しない裁判所にも及ぶ。

これに対して、違法の行政行為によって損害を被ったことを理由とする損害賠償請求訴訟（国家賠償法一条に基づくことになる）には公定力は及ばず、したがって、この訴訟を提起するにあたってまず取消訴訟を提起して行政行為を違法として取消す裁判所の判決を得ておく必要はない。裁判所が行政行為を違法として損害賠償を認めても、それによって行政行為の効力が否認されることにはならないからである。

法律が私人の行為を禁止する行政行為（例えば営業停止命令）を授権し、これに違反する者について刑罰を定めている場合において、この行政行為に違反したとして刑事訴追された者が、行政行為が違法であることを主張しようとする場合、刑事訴訟においてその行政行為が違法であり無効であることを主張すれば足りるのか、それとも、当該行政行為の公定力のためにこうした主張は許されず、別途に取消訴訟を提起して行政行為の違法を理由として取消の判決を得る必要があるのかという問題があるが、おそらくは前者の考え方が適切であろう（もっとも、その場合、裁判所としては、行政行為が違法であるか否かの判断を、刑罰を科するべきか否かの見地から行うことになる）。刑事訴訟において、被告人に取消訴訟の提起の負担を負わせることは、妥当ではない。この意味で、取消訴訟の排他的管轄ないし公定力は刑事訴訟には及ばないものと考えられる（結論同旨、今村・入門一四九頁、原田・要論一三一～一三二頁、兼子・総論二〇〇頁、塩野・行政法Ⅰ一三六～一三七頁。判例として、最判一九七八（昭五三）・六・一六＝山形県余目町個室付浴場業事件[3]）。

なお、公定力の及ぶ範囲の問題の一つとして、公定力が他の行政機関にも及ぶか否かが問題とされることがあるが、権限分配の原則（第七章第一節**2**、九八頁を参照）によれば、ある行政機関の行為を他の行政機関が尊重すべきことは当然のことであって、行政行為にかぎられたことではない。また、行政機関相互間では法律がとくに認めた場合を除くと訴訟は認められないから、取消訴訟の排他的管轄の意味での公定力は問題にならない。

5　公定力をもつ行政行為の範囲

行政行為の公定力または行政行為に対する取消訴訟の排他的管轄の制度には合理性の認められる余地がないでもないが、しかし、違法性がいかにはなはだしい場合であっても、相手方その他一定の利害関係を有する者が適法に取消訴訟を提起し取消判決を得ないかぎり、もはや行政行為の事実上の通用に対して救済を求めることができないとすれば、それはきわめて不合理である。

そこで、行政行為の違法性が重大であるなど一定の要件を充たす場合には、行政行為は公定力をもたず、無効（当然無効）であると考えられる。この場合、訴訟法上は、取消訴訟の排他的管轄の原則の例外が認められ、民事訴訟や当然無効であれば後行行為は無効になる。また、単に違法であれば職権取消が認められず有効な行政行為であっても、当然無効であれば効力をもたず行政庁による無効の宣言の対象になる。

C　当然無効の基準

「無効と取消」の区別の基準、換言すれば、当然無効をもたらすような違法性（無効原因と呼ばれる）の有無の判断の基準の問題は、公定力の限界をどこに設定するか、行政行為に対する取消訴訟の排他的管轄の原則の限界をどこに設定するか、という問題であるが、それはまた、実質的には、行政法関係の安定の要請と国民の権利救済の要請とをいかに調整するかという問題である。この当然無効の基準については、多様な議論がある。

1　重大明白説

戦前においては、有効要件説（行政行為の要件を有効要件とそうでない要件とに分け、有効要件を欠く行政行為を当然無効とする説）も存在したが、戦後においては、重大明白説が学説・判例を支配している。最高裁判所は、一九五六（昭和三一）年七月一八日の大法廷判決（＝ガントレット事件）において、この説をとることを明らかにし、その後も重大明白説をくり返し採用している。この重大明白説には、大別して二つの説がある。

2　外観上一見明白説

重大明白性の基準のうち、従来とくに議論されてきたのは、明白性の中身である。

最高裁判所が行政行為の当然無効の判断において、重大かつ明白な違法性の基準を用いたのは、前記の一九五六（昭和三一）年七月一八日の大法廷判決であるが、当初は、違法の明白性の（さらには重大性の）意味内容は明確ではなかった。その明確化の第一歩をふみ出したのは、最判一九五九（昭和三四）年九月二二日である。

この判決によると、「無効原因となる重大・明白な違法とは、処分要件の存在を肯定する処分庁の認定に重大・明白な誤認があると認められる場合を指すもの」とされた（さらに判決は、「誤認が何人の目にも明白であるというような場合」という表現を用いている）。

次に、最判一九六一（昭三六）年三月七日は、右判決を踏襲し、さらに明白性の意味内容を「処分成立の当初から〔処分庁による処分要件に関する認定が〕誤認であることが外形上、客観的に明白である場合を指す」とし（また、「瑕疵が明白であるかどうかは、処分の外形上、客観的に、誤認が一見看取し得るものであるかどうかにより決すべきもの」とも述べている）、かつ、「行政庁が怠慢により調査すべき資料を見落したかどうか」は、明白性の判定に直接関係を有するものではない、との判断を示している。

さらに、最判一九六二（昭三七）年七月五日は、右の二つの判決を踏襲しつつ、「客観的に明白ということは、……（中略）……処分関係人の知、不知とは無関係に、特に権限ある国家機関の判断をまつまでもなく、何人の判断によつても、ほぼ同一の結論に到達し得る程度に明らかであることを指すもの」と判示している。

以上のような諸判例を整理すると、次のようになる。

(1) 無効原因たる重大・明白な違法性とは、処分の要件の認定の誤りについてのものである。[2]

(2) 明白性の有無の判断の基準時は処分成立時である。

(3) 明白性とは、外形上客観的に明白であること、すなわち、何人の判断によってもほぼ同一の結論に到達しうる程度に明らかであることである（何人の目にも明白であること、あるいは、誤認が一見看取しうることといった表現も用いられている）。

(4) この明白性の有無の判断は、行政庁が怠慢により調査すべき資料を見落したかどうかとは関係がない。

(5) 処分関係人の知・不知とくに行政庁が処分の違法性を知っていたこととも無関係である。

以上のような明白性の要件に関する最高裁の見解は、「外観上一見明白」説と呼ばれる。

3 客観的明白説(調査義務説)

最高裁判例にみられる重大明白説とくに「外観上一見明白」説に対する批判的傾向の一つは、明白性要件を緩和しようとするものである。

東京地判一九六一(昭三六)年二月二一日は、法規の定める実体上の要件の存否に関する判断については、重大かつ明白な違法を無効原因として認めつつ、「いわゆる明白な違法の中には、処分要件の存否に関する行政庁の判断が、格別の調査をしないでも一見して容易に認識しうる事実関係に照らして何びとの眼にも明白な誤りであると認められる場合のみならず、行政庁が具体的場合にその職務の誠実な遂行として当然に要求せられる程度の調査によつて判明すべき事実関係に照らせば明らかに誤認と認められるような場合、換言すれば、行政庁がかかる調査を行えばとうていそのような判断の誤りをおかさなかつたであろうと考えられるような場合もまた、右にいう明白な違法のある場合と解するのが相当である」と判示している。

この判示は、違法性の明白性の有無を判断するための基礎となる事実を、なんらの調査をしなくとも認定できるものに限定せず、その範囲を少し拡張しようとするものであり、事実を少し調査すれば違法性の存在が明らかであったという場合も、明白性の要件があることを認めるものである。「少し調査すれば明らかであった」事実を、調査をしなくとも明らかであった事実と同列に扱うことは、われわれの常識にも合致するものであって、この判決にみられる明白性の観念は、容易に納得しうるものである。

また、この説は時に「調査義務説」と呼ばれることがある。それは、右の判決が〈行政庁がその職務の遂行として当然に要求せられる程度の調査〉という基準を用いているからである。しかし、この基準は、前述のような趣旨のものであって、行政庁に一定の調査義務を課し、その懈怠をもって明白な違法としているのではない。また、この基準において行政庁に期待されている調査の程度はかなり控え目である。これに対し、行政庁に要求する調査の程度をより高く設定することも考えられ、この場合に、その説は調査義務説という名称にふさわしいものになるであろう。

4　違法の重大性

次に、違法の重大性は、当然無効が認められるための要件として観念的にはおそらく異論なく認められるものである。しかし、違法の重大性の基準そのものは、軽微さの裏返しの相対的な観念であって、一定の明確な枠をもったものではない。また、重大な違法性の具体的判断基準を一言で表現することもできない。

通例、重大な違法性をもつ行為の例として挙げられるものは、行政庁の権限外の行為、行政庁にまったく意思のない行為、書面によるべきものであるにもかかわらずこれらによらない行為、相手方の申請を欠く要申請行為、告知されない行為、法律上要求されている理由付記や聴聞を欠く行為、法上・事実上実現不能な行為、内容の不明な行為などである。

もっとも、実際に行政行為がこのような違法性をもつことは、まずない。実際上問題となるのは、例えば理由付記や聴聞が行われたがそれが不完全であったという場合である。このような場合にも、重大な違法が認められる余地はあろう。また、根幹的な要件事実が存在しないのに存在すると誤認して行われた場合や、行政行為の内容が例えば比例原則に著しく反しているような場合も、重大な違法があるといえる。さらに、違法の重大性の判断においては、相手方（国民）の側の事情、とくに相手方が被った不利益の内容をも衡量の中にとり入れる余地があるのではないかと考えられる（相手方の不服申立の懈怠のゆえに無効を認めなかった判決として、最判一九五五（昭三〇）・四・一六）。このことは、当然無効の判断がもともと諸利益の衡量と親和性を有するものであることからすれば是認されることである。

5　重大明白説の性格

ここで、重大明白説の性格について述べるならば、学説・裁判例上、この説が有効要件説を押しのけ、通説としての地歩を占めることになったのは、この説の次のような二つの性格によっているのではないかと考えられる。

一つは、有効要件説が法律の要件規定の性格から当然無効か否かを判断しようとするものであり、この判断が個々のケースにおける諸事情・諸利益の衡量とはなじみ難いものであるのに対し、重大明白説においてはこのような衡量が許容されることである。

行政行為の当然無効の観念は、行政行為に対する原則的な訴訟方法である取消訴訟の提起が行われなかった場合において救済がなおも必要であると考えられるところから創り出されたものであって、この観念は、救済が必要妥当であるか否かの判断と結びついているのであり、無効判断は、もともと利益衡量的判断と親和性を有するのである（この点は、取消訴訟における違法判断とは異なる）。当然無効の判断のこのような性格に照らせば、その基準としては、法律の要件規定の性格を問題とする有効要件説よりは、利益衡量的な判断を容れることのできる重大明白説の方が適切であると考えられることになる。

第二に、重大明白説が、何人によっても承認される、この意味で当然の法理を表明したものである、ということが考えられる。違法の行政行為について、例外的に当然無効が認められるために、違法性が重大なものでなければならず、軽微なものでは足りないということは、われわれの言葉の感覚からすれば、当然のことであろう。そして、違法の重大性が明白であれば、当然無効が認められるべきことは、ますます当然であるということになろう。たしかに、行政行為の瑕疵が重大でありかつその存在が明白である場合には、相手方や利害関係人が適法に争訟手段をとらなかったことをもって、その行政行為の存在の否認の可能性を閉ざすことははなはだ不合理である。この意味において、重大かつ明白な瑕疵ある行政行為が無効であるというテーゼは至極もっともなこと、何人も納得しうることを表現したものということができる。このように、重大明白説は、当然無効が当然のこととして認められるべき条件を定式化したものなのである。(3)

重大明白説は、以上のような性格をもっていたため通説化したと思われるのであるが、今日におけるその妥当性に関しては、次のことを指摘できる。すなわち、前記の第二の点に関連することであるが、この説を、当然無効が認められるための最小限の基準を示すものと解する余地がある。すなわち、少なくとも違法性が重大かつ明白であれば、当該行政行為は当然無効になるが、さらに、違法の重大性と明白性の両者が揃っていない場合にも当然無効を認める余地があると解することが可能である。

重大明白説は戦前において形成された理論であるが、前述のように、戦前にはこの説は行政裁判制度のもとで司法裁判所が行政行為を例外的に審査する可能性を与える基準としての意味をもっていた。つまり、この説は二つの裁判権の調整の原理であった。ここでは、当然無効の認められる余地がぎりぎりのところまで制限されることもやむを得なかったと思われる。これに対し、戦後は、行政裁判制度が廃止され、司法権が一元化された。ここでは、当然無効の問題は、一元的司法権の内部での訴訟形式の間での調整の問題であり、無効認定の余地を戦前ほど厳格に解する必要はなくなっていると考えられる(4)(同旨、塩野・行政法Ⅰ一四八頁)。

6 今後の方向

違法の明白性を要件とせず、違法の重大性があることをもって当然無効を認める重大説が学説にみられ(芝池「無効確認訴訟」：杉村編・救済法1二六四頁および二六九頁注20を参照)、また、最高裁の判例にもこの説に立つと思われるも

の傾向である。ただ、授益的行為の職権取消につき遡及効が一律にないと考える必要はなく、個々の場合の事情に応じて遡及効の有無を判断するのが適切である。

(3) 次に、違法性の程度や内容を考慮する必要がある。違法性の程度が軽微であれば、相手方の利益保護の要請を容れやすいが、違法性が重大であれば、取消の要請が強く働き職権取消の認められる余地は大きくなる（参照、大阪地判一九七九（昭五四）・八・二七、東京地判一九八二（昭五七）・九・二二）。不当の瑕疵は、取消の事由とはならないと説く説もある。他方、原行為が相手方の詐欺強迫などの不正行為によって行われたものである場合、職権取消は、制約を受けずに行うことができる。

(4) さらに、取消を促すモメントとして、違法性と並んで、当該違法行為が存続するとそこなわれるおそれのある第三者の利益や公共の利益が考慮される必要がある。

(5) 他方、公益上当該行為の存続が要請されることも考えられる。少なくとも行政事件訴訟法三一条・行政不服審査法四〇条六項に定められた事情判決・事情裁決の法理が類推されるような場合、すなわち行政行為を取り消すことが公共の福祉に適合しない場合には、取消が認められない（類推適用否定説として、大浜・総論一七二頁）。

以上、要するに、授益的行政行為の取消に関しては、相手方の権利利益の保護の要請が比較的強く働くことは確かであるが、法治主義の形式的要請や第三者・公共の利益も看過されるべきではなく、したがって、取消の許否の判断に際しては、右にみたような諸点を考慮する必要があるのである。

なお、職権取消により相手方が損害を被れば、賠償請求の認められる余地がある。また、行政行為に違法性があっても、そもそも違法性が当該行政行為の取消理由にならないことがある。違法性の治癒が認められる場合や、違法性が訴訟においても取消原因にならないような手続上の違法である場合である。

C　侵害的行政行為の職権取消

1　侵害的行政行為の職権取消の許容性と義務

従来の学説によれば、侵害的行政行為の職権取消は、相手方の利益をそこなうものではないところから、授益的行為のそれに比べると広く認められ、原則として自由なものとされている。この結論は是認されるが、その理由としては、相手方の利益をそこなうものではないことよりは、むしろ法治主義の形式的要請が、第一次的なものとして挙げられるべきであろう(3)。

侵害的行政行為の職権取消については、さらに、次のことが問題となる。すなわち、相手方の権利・利益の尊重の見地から、行政庁が取消の義務を負うことがないかということである（参照、杉村・講義上巻二三五頁、室井編・入門(1)一六八頁〔晴山一穂〕）。課税処分のような第三者の利害を考慮する必要のない行政行為については、行政庁の取消義務を認めることができよう。

2　侵害的行政行為の職権取消の制限

侵害的行政行為の職権取消についてもう一つ問題となるのは、この侵害的行政行為の職権取消の許否の判断において、授益的行為のそれの場合のように、利益衡量を許容する余地がないか、ということである。おそらくは、授益的行政行為の職権取消の許否の判断において利益衡量が認められる以上、侵害的行政行為の職権取消の許否の判断においても、利益衡量が不可能であるとの論理的要請は存在しないであろう。また、侵害的行為も一般住民の権利・利益の保護など公益上の必要性があって行われるものであり、第三者・公共の利益の保護の見地から職権取消を制限する余地が考えられる。

取消訴訟や不服申立においては、行政事件訴訟法三一条・行政不服審査法四〇条六項に定められた事情判決・事情裁決の法理により違法の行政処分の取消が制限されるが、この法理の類推により、当該行為の維持について強い公益上の必要がある場合には、職権取消も制限される。これは、利益衡量に基づく職権取消の制限の一例である。

右の場合以外においては、もし行政庁が職権で取消さなければ、相手方が取消訴訟で取消を請求することが考えられる。この場合、違法の行政行為は必ず取消されることになる。したがって、右の場合以外においては、利益衡量による職権取消の制限を論じる意味は大きくはない。しかし、小さいとはいえこの制限の余地は残るものと思われる。

この他、たとえ取消しても再度行われる可能性のある行為は、公益上の必要から、その取消が制限されるとの説や、行政庁の義務に属する行為の取消は許されないとの説がある（田中・行政法上巻一五四頁注4、成田他編・講義下巻二七九頁〔遠藤〕）。

D　争訟裁断行為等の職権取消

以上は、行政行為の授益性・侵害性に着目した職権取消とその限界に関する説明であるが、これとは別の見地から、すなわち、内在的な性質から職権取消が制限される行政行為がある。その代表例は、争訟手続を経て行われた争訟裁断行為（裁決など）である。この他、この種の取消制限が問題となるものとして、利害関係人の参加によって行われた確認的性質の行為（田中・行政法上巻一五二頁、兼子・総論一六四頁）、国籍の付与や公務員の任命など包括的な身分を設定する行為や私権または私法上の法律効果を形成する行為（遠藤・行政法一四一〜一四二頁）がある。

（1） 行政行為を行ったいわゆる処分庁が職権取消について権限を有することは異論がないが、処分庁の監督庁が職権取消について権限を有するか否かについては争いがある。肯定説として、田中・行政法上巻一五一頁、否定説として、杉村・講義上巻二三三頁。権限分配の原則（第七章第一節**2**、九八頁を参照）に照らすと、否定説が妥当である（もっとも、監督庁は、処分庁に対して、当該行為の取消を命じることはできよう）。

（2） 藤田・行政法Ⅰ二三四頁も、違法な行政行為について、原則としての取消と例外としての取消制限、という理論的なけじめを明確につけておくことが必要である、という。なお、成田他編・講義下巻二七六～二七七頁〔遠藤博也〕は、授益的行政行為の職権取消には法律の根拠が必要であるとしつつ、原行為の要件を定める規定をもこれに含ませている。遠藤・行政法一三七～一三八頁も参照。

（3） 従来の学説では、行政行為の職権取消が相手方に対して不利益となるか利益となるかどうかという点に着目していたため、授益的行為の職権取消と侵害的行為の職権取消とは、正反対の評価を受けている。しかし、いずれの職権取消についても、法治主義の形式的要請を基本に据えることが必要である。このことによって、双方の法理に共通の基盤が与えられることになる。

第七節　行政行為の撤回

A　行政行為の撤回の概念と性質

1　行政行為の撤回の概念

行政行為の撤回とは、有効に成立した行政行為の効力を、その後に生じた事情（後発的事情）を理由として行政庁が失わせることをいう（例、交通違反を理由とする運転免許の「取消」）。

撤回は、行政行為の効力を奪う点で、前述の職権取消に類似している。しかし、職権取消が行政行為の成立当初の瑕疵（違法性または不当性）を理由とするものであるのに対し、撤回は後発的事情を理由とするものである点で、まず両者は区別される。この後発的事情としては、相手方の義務違反、公益上の必要、要件事実の事後消滅がある（本節B2、一七七～一七八頁を参照）。

しばしば、職権取消が違法の行政行為を対象とするのと対比して、撤回の対象は適法な行政行為だといわれることがあるが、これは正確ではない。違法な行政行為についても、行政庁がその違法性を理由とする職権取消を行わず、後発的事情を理由に撤回を行うこともできるから、撤回と職権取消の違いは、対象である行政行為が適法であるか否かにあるのではなく、それらが行われる理由にあるといえる。成立時において瑕疵のない行政行為および瑕疵のある行政行為のいずれも、撤回の対象となる。撤回の対象は有効に成立した行政行為であって、当該行政行為が、その成立時において瑕疵をもっていたか否かは問われないのである[(1)]。

職権取消は、その概念上遡及効を有し、行政行為の効力をその成立時に遡って失わせるが、これに対し、後発的事情を理由に行われる撤回は、その概念上遡及効を有しない[(2)]。

撤回の権限を有するのは、行政行為を行った行政庁（処分庁）である。取消とは異なり、上級行政庁による撤回が問題とされることはない。また、訴訟や不服申立による撤回も同様である。

2　行政行為の撤回の性質

行政行為の撤回もまた、職権取消と同様、有効に成立した行政行為の効力を消滅させるものである。ただ、職権取消が法治主義の見地から要請されるものであるのに対し、撤回は、事後的に違法状態が生じた場合を除くと、このような要請に基づくものではない。むしろ、撤回は、後発的な事情が生じた場合に行政庁が行う積極的介入措置であり、したがって、もとの行政行為（原行為）との関係においては、その取消以上に独立または別個の行政行為である。こうした性質の撤回については、それの許容される要件が問題になるが、より大きな問題は、原行為についての法律の授権とは別個の法律の授権の要否である。すなわち、撤回については、法治主義の要請は、職権取消の場合とは逆に撤回を制限する方向で働くので、そもそも撤回に法律の授権が必要であるかどうかが問題となるのである。以下では、この問題を、職権取消の場合と同様、授益的行為と侵害的行為とに分けて論じることにしよう。

B　授益的行政行為の撤回

侵害的行政行為の場合に比較すると、授益的行政行為については、相手方の利益または信頼の保護のため、原行為の存続に対する要請がより強く働き、行政庁の撤回の権限は制限される。

1　授益的行政行為の撤回の許容性に関する学説

授益的行政行為の撤回の許容性の問題に関しては、大別すると、三種の学説がある。

まず、第一説は、授益的行為の撤回にも独自の法律の根拠を要しないとするものである。また、この説では、撤回の許容性もゆるやかに解され、撤回が公益上必要である場合には、撤回が許容されると解されている。例えばある者は、撤回の必要が相手方の責めに帰すべき事由によって生じた場合および撤回について相手方の同意がある場合を除いては撤回は許されないとしつつ、それにもかかわらず公益上撤回が必要な場合には、公用収用の場合に準じ、撤回によって生じる不利益に対する相当の補償を条件として、撤回が許されるものとしている（田中・行政法上巻一五五～一五六頁。判例として、最判一九八八（昭六三）・六・一七＝菊田医師事件）。

これに対し、第二説は、相手方の同意や原行為の付款における撤回権の留保がある場合を除き（もっとも、この場合

問題が残る」とか、「法律に規定がないから、いかに公益上の必要があっても撤回ができないとすると、法律の趣旨にそぐわぬ結果を招くことになる。」との批判があるが、適切なものではない。

(5) 相手方の同意があれば、撤回が認められるということが、一般的には承認されるとしても、しかし、まったく形式的な同意をもって撤回の根拠とすることはできない。さらには、相手方の同意の存在のみから撤回の許容性を一般的に導き出すことには疑問があり、やはり客観的な諸事情の考慮もなされるべきであろう(同旨、遠藤・行政法一四五頁)。

(6) 以上の他、外在的優越的公益のための撤回についても、法律の根拠を要しないと解する余地がある。その典型例である行政財産の目的外使用許可の撤回についてみると、この許可による行政財産の使用が認められるのはこの財産が公益上必要になるまでであるという制約が内在していると考えられるからである。したがって、法律の根拠の要否が問題になるのは、義務違反に対する制裁としての撤回である。

第八節　行政行為の付款

行政行為の付款とは、許認可などの行政行為に付される条件や期限などを指す。この付款は、行政行為の成立時に行政行為に付されるもので、付款の問題は、行政行為の成立に関わる問題である。この意味で、論理的には、行政行為の成立のところで付款の問題を扱うのが適切であろう。ただ、付款に含まれる問題の中には、行政行為に関する一応の説明を終えてから論じた方がよいものがあるので、ここで付款の問題を取り上げる。

行政行為の付款は、行政法学上あまり議論の対象となってこなかったものであるが、行政権限の行使の適正化を図るうえで不可欠の手段である。この意味で、行政行為の付款は重要な論点である。

A　付款の概念

付款の概念

行政行為の付款とは、行政行為の本来の内容に付加される従たる内容の行政庁の意思表示である。「行政行為の法効果の制限」という要素を付款の定義に加えるのが、従来のほぼ一致した見解であるが（田中・行政法上巻一二七頁、杉村・講義上巻二四二頁）、後述のように、付款は、行政行為の本来の内容（法効果）を制限するものにかぎられない。

法律自らが行政行為に付加する条件や期限は法定付款といわれるが、これは、行政行為の本来の内容であり、ここにいう付款の中には含まれない。例えば自動車の運転免許の期限（道交九二条の二第一項）は、法定付款の一例である。これに対し、同じく道路交通法上、自動車の運転免許に交通の安全を図るため身体の状態や運転の技能に応じて必要な条件を付すことができるが（道交九一条）、これは行政庁（この例では公安委員会）によって付されるもので、ここでいう行政行為の付款にあたる。

付款論は行政裁量論の一環であり、したがって、法定付款は付款論の対象にはならないのである。

なお、付款は、侵害的行政行為についても考えられるが、通例は授益的行政行為に付される。これも一つの留意すべき点である。

B　付款の種別

1　期限

期限とは、行政行為の法効果の発生・消滅を、将来到来することが確実な事実に関わらしめるものである。法効果の発生と消滅のいずれに関わるかによって始期と終期とに区別され、到来時期が確実であるか否かによって確定期限と不確定期限とに区別される（後者の例として、事業開始のときから二〇年間事業の経営を認める旨の、免許に付された期限）。

許認可に付された期限が、その性質上、比較的短期のものである場合には、その期限は許認可の更新時期を指示する意味をもち、許認可の拒否は更新拒絶としての意味をもつことがある（短期の期間経過後の許可拒否処分を更新拒絶ではなく、新たな許可申請に対する拒否処分と解した裁判例として、東京地判一九七八（昭五三）・六・二六）。

2 条 件

条件とは、行政行為の法効果の発生・消滅を将来発生することが不確実な事実に関わらしめるものである。法効果発生の条件を停止条件、法効果消滅の条件を解除条件という。

条件には、第三者の行為や自然現象を内容とするものと、相手方への義務賦課を内容とするものとがある。例えば道路管理者による道路舗装工事の完成の日に効力が発生することを条件とする民間バス会社に対するバス事業の免許は、前者の例である。道路工事の完成の日が到来することが不確実である点で、期限とは区別される。しかし、この区別は重要ではない。

条件としてより重要なのは、相手方への義務の賦課を内容とするものである。例えばバス会社がバス停留所の整備をすることを条件とするバス事業の免許がこれにあたる。次に述べる負担も、相手方に義務を課するものであるが、義務の履行が行政行為の効力の発生のまさに条件である点で、条件は負担とは区別される（両者の区別の問題は、後述する）。

3　負　担

負担とは、特別の義務を命じる付款である。条件は相手方に対する義務の賦課を内容とするものだけではないが、負担は必ず義務賦課を内容とする。前記の例でいえば、バス事業の免許に際して、行政庁は、バス会社に対して、停留所の整備を負担としても命ずることができる。負担が義務賦課を内容とする条件と異なる点は、負担の履行が行政行為の法効果の発生の条件ではないことである。負担を履行しなくとも、行政行為の法効果は発生するし、また、所定の期限までに負担を履行しなくとも、行政行為の効力が失われるわけではない。

このような性質をもつ負担は、期限や条件とは異なり一つの独立の行政行為またはそれに準ずるものとみることもできる（ドイツでは、負担は独立の行政行為と解され、負担のみの取消請求の可能性が認められている）。

この負担に関する一つの問題は、相手方が負担を履行しなくとも行政行為の効力が失われないため、この場合に行政庁はどのような措置をとることができるか、ということである。この問題については、当該行政行為の撤回の余地を認める学説（参照、田中・行政法上巻一二八頁）と、法律または付款自体に定めがなければ撤回はできず、このような定めがなければ行政上の強制執行または行政罰の賦課のみが可能とする説がある（杉村・講義上巻二四四頁）。行政庁が行政行為に負担を付する動機はさまざまであるから、負担不履行を当然に撤回事由とみることはできないであろう。

他方、後説によると、個々の法律で、負担の不履行に対して、行政行為の撤回、行政上の強制執行または行政罰が定められている場合を除くと（例えば文化財保護法五三条四項は、「条件」に対する不服従に対し、許可の撤回さらには行為の停止の命令を認める）、付款における撤回権の留保に基づく撤回または一般法で認められる行政上の代執行がとることのできる手段だということになる（なお、代執行は、後述のように、代替的作為義務についてのみ適用可能である。第一〇章

第三節2(1)、二〇二頁を参照)。

負担に関するもう一つの問題は、条件との区別である。負担は相手方に義務を課するものであるが、条件の中にもそのようなものがある。そして、相手方に義務を課する付款が負担なのか条件なのかによって、前述のように、法的な意味が異なる。そこで、両者の判別の基準が問題となる。

この問題につき、ある判決は、公衆浴場営業許可に付された「許可の日より一年以内に釜の構造を送り込み式又は男女別二本差し込み式に改造すること」との付款を、条件でなく負担としている(大阪高判一九六二(昭三七)・四・一七)。おそらくは、負担と条件との判別の客観的な基準は存在せず、したがって、付款がこのいずれであるかをめぐって紛争が生じた場合、相手方の権利保護の見地からは、できるだけ負担と解されることになるのであろう。他方、義務の履行の確保を図ろうとすれば、行政庁としては、義務を賦課する付款が条件であることをあらかじめ明らかにしておくことが適切だということになる。

4 撤回権の留保

撤回権の留保とは、一定の理由がある場合に当該行政行為を撤回する可能性を行政庁に留保する付款である。「公益上の必要性がある場合には撤回することができる」といったような無限定な撤回権の留保は一種の「例文」と解されている(田中・行政法上巻一二八頁、一三二頁)。

ただ、この説をとる者においては、法律の根拠がなくとも授益的行為の撤回が許容されるという撤回理論が認められているのではないかと思われる。この撤回理論に立てば、法律の根拠がなくとも撤回の必要性を根拠づける客観的事情が存在すれば撤回が許容されるのであり、付款の形式での撤回権の留保に法的意味を見出す必要もないことになる。むしろ、授益的行政行為の撤回には法律の根拠を必要とする学説が、撤回権の留保に意味を多少とも見出そうとしている（本章第七節B1、一七六～一七七頁を参照）。

無限定な撤回権の留保が法的意味をもたず、また、撤回の許否の判断においては、客観的事情の考慮が必要であることは確かである。ただ、撤回の許否およびその事後措置（特に補償）の要否の判断においては、撤回権の留保に何らかの法的意味を与える余地は皆無ではないであろう。

5　その他の付款

普通、教科書では、以上の四種類の付款が挙げられるが、それらはおそらくは例示であり、それら以外にも次のような付款が考えられる。

その一つは、法効果の一部除外といわれるものである。例えば公務員に海外への出張を命ずる場合の法定旅費を支給しない旨の付款がこれにあたる（田中・行政法上巻一二九頁）。もう一つは、付款により課された義務の事後的な変更の留保である。例えば将来の道路占用料の値上げを定める付款がこれにあたる。これらの付款の許容性については今後の検討が必要である。

C　付款の許容性と限界

1　付款の許容性

行政行為の付款は、行政庁の一種の裁量権の行使である。したがって、まず、行政庁に裁量が認められる場合には付款を付することができる（杉村・講義上巻二四三頁、兼子・総論一七二頁）。行政庁に自由裁量が認められる場合には付款を付することができるといわれることもあるが（田中・行政法上巻一二九頁、今村・入門九三頁）、自由裁量と羈束裁量の区別がかなり相対化していることは別としても、自由裁量の観念は司法審査の許容性に関連して用いられるもので

れる手段である。この意味で、現行法上、司法的強制の方法は、行政の世界においても、原則的な強制執行の方法である。(1)

2 行政上の強制執行の種別

行政上の強制執行は、次の四つのものに整理できる。

(1) 行政上の代執行　行政上の代執行とは、行政上の義務のうち代替的作為義務について、義務者がこれを自ら履行しない場合に、行政機関がその財産に強制を加え、義務者に代わって義務を実現するものである。

代執行は、行政機関が義務を義務者に代わって実現するものであるから、代執行の対象となる義務は代替的作為義務である（例、工作物の除却の義務）。不作為の義務は代替性がないし、作為義務であっても、例えば明渡の義務には代替性がない。行政機関は、代執行に要した費用を義務者から徴収する。

代執行に関する一般法として、行政代執行法が制定されている。この法律に基づく代執行の制度については、あとでやや詳しく述べる。

(2) 執行罰　執行罰とは、行政上の義務を相手方が履行しない場合において、行政機関が一定の期限を示して過料を戒告し、その期限までに義務が履行されない場合に過料を課することによって、義務者に心理的圧迫を加え、間接的に義務の履行を強制するものである。行政罰の一種の過料（第一二章第三節、二二九頁を参照）は、義務の不履行に対しても科されるものであるが、過去の行為に対する制裁であり、その後において義務が履行されても当然には免除されない。これに対し、執行罰である過料は、義務の履行を確保するための手段であり、義務者が義務を履行するまでくり返し課することができるが、その反面、義務者が義務を履行すれば、もはや課することはできない。

戦前の行政上の強制執行の一般法であった行政執行法は、代替的作為義務を除き、非代替的作為義務と不作為義務について、執行罰を認めていた。しかし、戦後、行政執行法は廃止されたため、執行罰は強制執行の一般的手段としての地位を失い、現在はわずかに砂防法三六条で認められているにすぎない。

(3) 行政上の直接強制　行政上の直接強制とは、義務者が義務を自ら履行しない場合において、行政機関が義務者の身体または財産に強制を加えることによって義務を実現するもので、代執行以外のものを指す。

直接強制は、代執行とは異なり、義務者の身体に対する強制をも含む。したがって、直接強制は、明渡義務のように代替性がないため代執行を適用できない義務についても、その性質上は適用できるものである。また、違法工作物の除却義務のように代替的作為義務であり代執行が適用可能な義務についても、直接強制の適用は考えられる。例えば除却すべき違法工作物を行政機関が破壊することは、もはや代執行ではなく直接強制にあたる。

戦前の行政執行法は、代執行や執行罰により作為・不作為を強制できない場合および急迫の事情ある場合について、直接強制を認めていた。直接強制が補完的な手段とされていたのは、それが国民の身体にも強制を加えるものであり、また、財産を侵害する度合いが強いからである。戦後は、行政執行法の廃止により、直接強制も強制執行の一般的手段としての地位を失った。現在、個別の法律が認めている直接強制の例はわずかである（例、成田新法三条六項。もっとも、直接強制と即時強制とのいずれにあたるのかが不明確なものは、「出入国管理及び難民認定法」五二条の退去強制などいくつかある。第一一章第二節**1**、二一〇頁を参照）。

(4) 行政上の強制徴収　強制徴収とは、義務者が金銭納付義務を自ら履行しない場合において、行政機関が義務者の財産に強制を加え、当該金銭に相当する財産的価値を強制的に徴収することによって、義務を実現するものである。金銭納付義務は代替性があるが、その特殊性に照らし強制徴収の手段が用いられる。強制徴収は、財産の差押と換価（公売または随意契約による売却）を基本的な手続とする。

強制徴収は、戦前においても、行政執行法においては定められず、国税徴収法などの法律で定められていた。現在も強制徴収について一般法はなく、個別の法律で強制徴収について定められている。ただ、その場合においても、強制徴収の手続については、国税徴収法の定める強制徴収（滞納処分と呼ばれている）の手続がその他の法律に基づく強制徴収の手続のモデルとなっている（例、地税六八条六項・七二条の六八第六項・三三一条六項・三七三条七項、国民年金九六条四項、厚生年金八六条五項、労働保険料二六条三項）。

（1）もっとも、司法的強制が認められる行政上の義務の範囲についてはなお議論の余地がある。例えば公営住宅の明渡の義務のように、行政上の義務が行政体の財産上の権利に対応すると解することができる場合には、司法的強制が認められると考えられるが、環境行政の分野での行政上の義務のように行政機関のいわば非財産的権限（財産権の行使の要素をもたない権限）の行使によって生じたものである場合の司法的強制の許容性については別途の検討が必要である。この点に関する下級審裁判例が数例あるが、いずれもこの非財産的義務の司法的強制を認めている（パチンコ店の建設工事の中止命令に相手方が従わなかったため地方公共団体が提起した仮処分申請を認めた裁判所の決定として、大阪高決一九八五（昭六〇）・一一・二五、違法建築物に対し建築基準法に基づいて発された工事停止命令についての仮処分申請を認めた裁判所決定として、横浜地決一九八九（平元）・一二・八がある。この場合の司法審査の範囲については、一五四頁注2を参照）。学説では、小早川・行政法上二四二〜二四三頁も、行政上の義務を二つに分け、「国・地方公共団体等の財産的権利と対応関係をもたないような義務」についても司法的強制を認めることを妥当とする。

なお、近年最高裁判所は、地方公共団体の長がパチンコ店の建築中止命令を発し、当該地方公共団体が工事を続行してはならない旨の裁判を求めた事件において、「国又は地方公共団体が専ら行政権の主体として国民に対して行政上の義務の履行を求める訴訟は、裁判所法三条一項にいう法律上の争訟に当たらず、これを認める特別の規定もないから、不適法というべきである。」と判示している（最判二〇〇二（平一四）・七・九＝宝塚市パチンコ店建築中止事件）。

第二節　行政上の強制執行の法的根拠

1　行政執行法から行政代執行法へ

行政上の強制執行に関する法制度は、戦後大きく変更された。戦前においては、行政上の強制執行に関する一般法として行政執行法があり、強制執行の一般的手段として代執行・執行罰・直接強制を定めていた（強制徴収は、国税徴収法などの法律で定められていた）。これに対し、戦後においては、行政代執行法が制定され、行政執行法は廃止された。これによって、代執行・執行罰・直接強制のうち代執行のみが強制執行の一般的手段として認められ、執行罰および直接強制は、一般的手段としての地位を失い、ただ個別の法律で認められる限りでのみ適用できることになった。しかも、これらの手段が個別の法律で認められることは多くない。

代執行は代替的作為義務についてのみ認められるものであり、戦後の行政執行法の廃止と行政代執行法の制定は、行政上の強制執行の適用の余地を大きく制限するものであった。このような制限は、戦前における強制執行手段の濫用に対する反省によるものである。

代執行だけが一般的な強制手段として認められることになった理由は、行政代執行法制定の際の衆議院司法委員会の政府委員の説明によれば、執行罰はその効用が比較的に乏しく、罰則による間接的強制により、おおむねその目的を達し得ること、および直接強制は人や物に直接に強制を加えるものであり、すべての場合に一般的に認めることは行き過ぎであるということであった。

2　行政行為の自力執行力と強制執行

義務の賦課を内容とする行政行為と行政上の強制執行の関係については、二つの考え方が対立している。一つは、こうした行政行為の権限を授権する法律は、同時に行政上の強制執行の権限をも授権するものであるから、この義務をそのまま直線的に実現する強制執行（直接強制または代執行）には、独自の授権を必要としないという考え方である。つまり、行政行為には自力執行力が内在しているという考え方である。この考え方によれば、行政代執行法は行政行為の自力執行力を制限するものと解されることになる。

もう一つの考え方は、行政行為により課された義務の強制執行のためには、行政行為の権限を授権する規定とは別に、強制執行そのものについての授権規定が必要であるとする。これによれば、行政代執行法のような法律は授権規定だということになる。強制を内容とする権限の行使のためには法律の根拠が必要であるという考え方を徹底すると、この説が正当であろう。

もっとも、いずれの説をとっても、現行法のもとでは、行政上の強制執行は法律の認める範囲内でのみ許される。行政上の強制執行が法律上許されていない場合には、行政上の義務の強制的実現の方法としては、前述のように、司法的強制が考えられる。

第二節　行政上の代執行

本節では、行政上の強制執行に関する一般法である行政代執行法において定められている行政上の代執行について説明する。

1　行政代執行法の趣旨

行政代執行法一条は、「行政上の義務の履行確保に関しては、別に法律で定めるものを除いては、この法律の定めるところによる。」と定めている。この規定は、強制執行手段の採用を法律事項とするとともに、代執行が強制執行の原則的手段であることを宣言するものである。

2　代執行の要件

⑴　代執行の対象になるのは、「他人が代つてなすことのできる」義務（代執行二条）、すなわち代替的作為義務である。前述のように、不作為義務や非代替的作為義務は代執行の対象にならない。また、金銭納付義務は代替的作為義務であるが、代執行の対象ではない。

もっとも、代替的作為義務であっても、代執行の許否が問題となることがある。

例えば庁舎の一部が使用許可されていたところ、それが取消（撤回）された場合、相手方の明渡の義務は代替性がなく代執行の対象にならないが、この場合、相手方が使用していた部屋に存置されていた物件の搬出の義務（代替的作為義務である）が代執行の対象になるかという問題があるが、裁判所は、ならないとしている（大阪高決一九六五（昭四〇）・一〇・五）。主たる義務である明渡の義務については現行法上強制執行が認められていないにもかかわらず、それに付随する義務である物件の搬出を代執行の対象とすることが許されるならば、明渡義務について強制執行の可能性を否定している現行法の趣旨がそこなわれることになるからである。[1]

代執行の対象となる義務は、さらに、法律により直接に命じられまたは法律に基づき行政庁により命じられた義務である（二条）。したがって、国や地方公共団体が契約により土地を買収した場合の旧所有者の建物などの移転の義務は、代執行の対象ではない。

第二節　行政上の即時強制と行政上の強制執行

即時強制と強制執行とは、かつては行政強制の観念のもとで並べて論じられていたが、最近では、むしろ両者の相違に注目され、即時強制は行政行為や行政指導と並ぶ行為形式の一つとされ、他方、強制執行は行政上の義務履行確保のための手段の一つと位置づけられる傾向がみられる。このような見方には十分の根拠がある。しかし、同時に、即時強制と強制執行とは、いずれも行政目的達成のための強制作用であり、かなり密接な関係にあることも看過されるべきではない（同旨、阿部・法システム下四〇〇頁）。

1　区別の不明確性

即時強制と強制執行の親近性は、既存の制度の認識のレベルでは、両者の区別の不明確性としてあらわれる。例えば「出入国管理及び難民認定法」五二条に基づく退去強制は、義務の賦課の段階があるとみれば強制執行（そのうちでも直接強制）と解されるが、この段階がないとみれば即時強制と解されることになる（この点につき、とりわけ広岡・総論一八〇頁、同「即時執行」：大系2三〇四頁を参照）。また、道路交通法に基づく違法駐車中の自動車の移動（五一条三項・五項）や地方公共団体の条例に基づく放置自転車の撤去も、強制執行（そのうちでも代執行）あるいは即時強制のいずれとも解される余地がある。

2　立法時の選択可能性

次に、即時強制と強制執行の親近性は、立法論のレベルでは、両者の間での選択可能性としてあらわれることになる。すなわち、立法者が、即時強制と強制執行のいずれをも採用しうる場合がある。例えば感染症患者を病院に強制入院させる措置としては、感染症予防法一九条二項は、義務賦課行為を介在させず（ただし、勧告が行われる）、即時強制の措置を定めているが、これに対し、結核予防法（平成一八年法律一〇六号により廃止）二九条一項は、入所命令の措置を定めていたが、強制手段についての規定がなかった。この場合、もし強制手段を定めるとすれば、それは強制執行の一つである直接強制である。また、未成年者の酒類・煙草等の没収は、現行法上、即時強制のシステムがとられているが、行政上の強制執行のシステムの採用も考えられないものではない。

さらに、即時強制と強制執行の両方の手段が認められている場合がある。例えば屋外広告物法は、違法広告物について、広告物の設置者に対する都道府県知事の除却命令の措置などを定めるとともに（七条一項。この場合には、義務の強制は代執行によることになる）、違法のはり紙や立看板等については、一定の要件のもとで、都道府県知事が自ら除却することを認めている（七条四項。これは即時強制である[1]）。

3　行政上の強制執行の優先

即時強制と強制執行とは右のような関係にあるが、両者を比較検討すれば、国民の権利・利益の保護や適正な手続の見地からは、義務賦課行為を介在させる強制執行のほうが好ましいシステムであることは明らかである。それゆえ、立法論としては、即時強制と強制執行との選択可能性が存在する場合には、強制執行を原則とし、即時強制は例外的な手段として位置づけられるべきものと思われる（参照、原田・要論二一八～二一九頁、阿部・法システム下四三四頁以下）。

即時強制の採用には合理的根拠が要求されるが、それが肯認されるのは、さしあたり、⑴義務賦課行為を介在させることが時間的に不可能な場合（例、火災時の消防対象物の使用・処分の場合）や、⑵義務賦課行為を介在させることが実際上考えられない場合（例、警察官による泥酔者の保護の場合）である。

また、法律の執行の段階においても、とくに、即時強制か強制執行かが不明確である場合には、可能なかぎり強制執行に近づける形での運用が望ましい。例えば前記の感染症予防法に基づく強制診断や強制入院については、行政指導である勧告が前置されているが（感染症一七条一項・一九条一項）、このような立法はあるべき運用を制度化したものとして積極的な評価に値する。

（1） 屋外広告物法では、本文で述べた方法以外に、公告に基づく除却等の措置が定められており（七条二項）、全体としては、除却命令（↓代執行）、公告に基づく除却、即時強制としての除却の三種類の方法が用意されていることになる。

このように、即時強制と強制執行などの手段が明確な区別のもとに併用されている場合があるが、これに対し、強制執行に即時強制がいわば混入していることがある。すなわち、「成田国際空港の安全確保に関する緊急措置法」（成田新法）では、規制区域内の工作物の所有者などに対する供用禁止命令とこの命令が遵守されない場合の強制措置が定められているが（三条一項・六項）、六項の強制措置は供用禁止命令によって課された義務の強制執行たる直接強制とみることができる。しかし、六項では強制措置として工作物の封鎖が挙げられており、この封鎖が行われると、一項の供用禁止命令では禁止されていないはずの所有者自身による工作物の通常利用が不可能になる。したがって、封鎖には強制執行の要素としては説明できないものが入っており、これは、即時強制の要素ということになる。

第三節　行政上の即時強制の法的統制と救済

1　即時強制の法的統制

即時強制は強制であるので、これを行うについては法律の根拠が必要であることは異論がない。また、その要件や内容は、その根拠となる法律で定められ、加えて、比例原則などの憲法上または条理上の制約原理が妥当する（警職一条二項を参照）。

手続的規制に関する立法例としては、裁判官の許可状を要求する例（警職三条三項）や、継続的性格の即時強制についてであるが、法律が相手方の意見陳述の機会や審査会への諮問の手続を定めている例がある（麻薬五八条の六第七項・五八条の八第三項以下を参照）。

ただ、即時強制について手続的規制を定める立法例は少ない。今後、手続面での規制の強化が望まれるが、立法論レベルの議論としては、前述のように、強制措置を必要とする場合にも可能なかぎり即時強制よりは強制執行を採用することがより強く望まれる。

2　即時強制に対する救済

即時強制は一つの強制であり、有効な救済方法があってしかるべきであるが、他面、義務賦課行為が介在しないものであるため、法的救済は難しい。ただ、継続的性質の即時強制、例えば強制入院が行われ、そのあと強制状態（意に反する入院）が継続するような場合には、不服申立と取消訴訟が認められる（とくに行審二条一項を参照）。これに対し、「一過性」の即時強制に対しては、このような救済方法は利用できない。しかし、二〇〇四年の行政事件訴訟法の改正により抗告訴訟として差止訴訟が法定され、また、この改正をきっかけに確認訴訟の活用への気運が高まっている（芝池・救済法一五〇頁以下、一六八頁以下を参照）。これらを用いることによって、違法な即時強制に対する救済の拡充を図ることができよう。むろん、国家賠償法一条に基づく損害賠償請求は可能であるし、損失補償が認められる場合もある（例、消防二九条三項）。さらに、原状回復請求訴訟の許容性も考えられるべきであろう（刑務所での受刑者の頭髪の強制的な翦剃に対する差止訴訟の適法性につき、東京地判一九六三（昭三八）・七・二九）。

第一二章　行政上の制裁

行政上の制裁とは、行政上の義務違反者に対して、制裁として科せられる不利益をいう。行政上の制裁は、行政罰とその他の制裁に大別できる。

第一節　行政罰の概念と種別

1　行政罰の概念

行政罰とは、行政上の義務違反に対して科せられる罰をいう。

行政罰は、刑事罰とは次の点で異なる。すなわち、刑事罰は刑事犯に対して科せられるが、刑事犯とは、殺人や強盗のように、行為の性質上、人としてすることを許されない反社会的・反道義的行為であり、当該行為を禁止する規定がおかれていることを前提としない。これに対し、行政罰は行政犯に対して科せられるが、行政犯とは、刑事犯とは異なり、行政法令や行政行為によって課された義務の存在を前提とし、これに違反する行為である。

また、行政罰は、行政上の強制執行の一つである執行罰とは次の点で異なる。すなわち、行政罰が過去の行為に対する制裁であるのに対し、執行罰はそうではなく、義務者に対して、義務の履行を強制するための手段である（執行罰については、第一〇章第一節**2**(2)、一九七～一九八頁参照）。

さらに、行政罰は、懲戒罰とも次の点で区別される。すなわち、懲戒罰も、行政罰と同じく制裁であるが、公務員の勤務関係など一定の特別の関係において認められる点で、行政罰とは区別される。

2　行政罰の種別

行政罰は、行政刑罰と秩序罰たる過料とに分けられる。

行政刑罰とは、刑法に刑名の定めのある刑罰（刑法九条）を内容とする行政罰である。刑罰である点で、前記の刑事罰と共通する。秩序罰たる過料とは、行政上の秩序違反に対して科せられるもので、行政上の秩序罰とも呼ばれる。行政上の秩序罰として認められている罰は過料である。

3　行政罰の科し方

行政罰は行政上の義務違反に対して科せられるものであるが、この義務は法令によって課せられている場合と行政行為によって課せられている場合とがある。すなわち、行政罰は、法令上の義務への違反に対して直接に科せられる場合と、行政行為によって課せられた義務に対する違反があった場合にはじめて科せられる場合とがある。前者の方式を直罰主義という。相手方にとっては後者の方式が望ましいものであるが、公害行政の分野では、規制の実効性を高めるため直罰方式も採用されている（参照、大気汚染三三条の二第一項一号、水質汚濁三一条一項一号）。

V

非権力的・補助的行政活動

第一三章　行政計画

第一節　行政計画の概念と種別

現代の行政活動においては、都市計画をはじめとして、計画という名称をもった文書の作成されることが少なくない。行政の計画化、計画行政の展開は、現代行政の一つの大きな特徴である。それゆえ、行政計画または行政上の計画の法的な検討は現代行政法学の一つの重要な課題である。(1)

1　行政計画の概念

行政計画は、例えば「国家（公共団体を含む）またはその機関が、一定の行政活動を行なうために一定の目標を設定し、相互に関連性のある行政手段の調整と総合化を通じて目標として示された将来時点における一定の秩序を実現することを目的とする構想またはそのための活動基準の設定行為」（成田頼明「計画行政における空間形成計画の意義と法律問題（上）」ジュリスト五二三号二二頁）と定義されている。

この定義にもみられるように、学説は一般に、目標設定性と手段総合性とを行政計画の指標としている。ただ、この二つのことは、行政計画に限られない計画一般の性質である。つまり、このような定義は、この二つの点を挙げるだけであって、行政計画＝行政の計画ということを述べているにとどまり、行政計画の固有性を示しているとはいえない。要するに、行政計画とは、定義としては、行政機関が行政活動について定める計画またはその定立行為である。

2　計画行政および計画法の概念

以下では、行政計画に関連する概念についてみておこう。

その一つは、計画行政という概念である。行政計画と計画行政の両概念を区別しないで用いることも可能であるが、行政計画の概念をすでに述べたように理解すると、計画行政という概念は、これとは区別して、行政計画をめぐる過程として把握することが可能である。この計画行政の概念に関して注意を要するのは、それが行政計画の実現の過程をも含むべきことである。計画実現の過程にもなお固有の問題のあることが予想されるし、また、行政計画がその策定（厳密には、作成と決定の各段階がある。参照、都市計画一五条の二・一八条）後の修正をいわば本質とするものであり、計画の策定とその実現とは切断されたものではないからである。

もう一つは、計画法という概念である。まず、右のような計画行政に関する法を計画（行政）法ということができる。しかし、さらに、行政計画が存在しない場合においても、行政の計画的遂行の要請が認められる場合に、それに関わるものとしての計画法というものも考えられるであろう。すなわち、行政計画の本来の機能は、行政の計画的遂行を可能にし確保するためのものであるから、たとえ行政計画が存在しない場合においても、行政の計画的遂行の要請が認められる場合には、計画法の見地から、当該行政活動について特別の取扱いが行われるべきか否かが問題となりうるのである。

3　行政計画の種別

行政計画の種別について簡単にみておこう。

(1) 長期計画・中期計画・短期計画　計画が時間的にどの程度先のことまで定めるかによる区別である。

(2) 全国計画と地方計画　計画の定める地域的範囲による区別である。国土利用計画法では、全国計画・都道府県計画・市町村計画の三段階がとられている。

(3) 経済計画・土地利用計画など　計画の対象とする分野による区別である。他に、財政計画・防衛計画・道路建設計画・住宅建設計画・医療計画・福祉計画などがある。

(4) 基本計画と実施計画　計画の段階による区別である。すなわち、基本計画は、全般的・基本的事項を定める計画であり、実施計画は、施策を具体的に実現するための計画である。地方公共団体が定める基本構想（自治二条四項）は基本計画であり、これを実現するための道路建設計画は実施計画である。

(5) 法定計画と事実上の計画　計画についての法律の根拠の有無による区別である。公害・環境行政の分野では、政府が定める環境基本計画や地方公共団体が定める公害防止計画は環境基本法に根拠のある法定計画であるが、環境庁が定めていた環境保全長期構想は事実上の計画である。

(6) 拘束的計画と非拘束的計画　私人に対して法的拘束力をもつか否かによる区別である。例えば都市計画や土地区画整理事業計画は、作成され公告されると、私人の権利行使を制限するので拘束的計画である。私人の権利行使の制限のためには法律の根拠が必要であるから、拘束的計画はかならず法定計画であり、事実上の計画は、非拘束的計画である。

（1）しかし、行政計画の法的検討はこれまでのところ十分なものではない。その理由としては、行政計画が行政のなかで大きな意味を得たのが第二次大戦後であることや、行政計画を裁判所で争う余地があまり認められておらず、このため、裁判例による法形成が進んでいないことなどが考えられる。

第二節　行政計画の機能と特質

1　行政計画の機能

前述のように、行政計画は一つの計画であり、そして、一般に計画はその対象となる事物の計画的遂行を可能にし確保するものである。この計画の観念に従えば、行政計画の本来の役割は、行政の計画的遂行を可能にし確保すること（行政の計画化）にあるといえよう。そして、行政の計画的遂行の確保が行政の合理化の要請に基づくものである点において、行政計画は、行政の合理性を高める一つの手段として位置づけることもできる。このほか、利害調整・総合調整が行政計画の機能と把握されることもある。さらに、予算要求を根拠づけ、国民を説得し、あるいはその行動を誘導するために行政計画が策定されることもあろう。しかし、これらは行政計画に固有の機能ではない。

2　行政計画の特質

行政計画の右のような行政の計画化機能に着目すると、行政行為などとは異なる行政計画の特質として、次のようなことを指摘できる。

(1)　まず、行政計画は、行政行為等の行政手段と並べて論じられることがあるが、それら（さらには事業の実施などの事実行為）とは次元を異にする観念である。行政計画は、それらの適用・実施に先行して定められ、この適用・実施を計画的なものにするのである。

(2) したがってまた、行政計画の策定は、もともとは行政の内部的な過程なのであり、行政計画は訓令的な性格をもっているといえる。国民との関係においては、そこで予定された措置の着手によってはじめて、法的または事実上の変化が生じることになる。そして、こうした存在であるかぎり、行政計画を論じる法的意味は小さい。今日、行政計画を重視する必要があるのは、それがもはや純粋に内部的なものではなく、公表され、国民に対する一定の法効果を有したり、あるいは説得・誘導等の事実上の力を及ぼすことが少なくないからである。

(3) 行政計画は、行政活動をいかに計画的に遂行するかという点について定めるものであり、行政は、行政計画の策定において、この計画内容について判断・決定する。行政行為については、その内容（法効果）については通常法律で規定が設けられているが、行政計画の場合、その内容に関する法律の規制は行政行為に比べるとはるかに弱く、その反面として、計画内容についての裁量が、しかも広範に、行政に認められる。

(4) 行政計画またはその策定が右のように広範な裁量を伴うものであるとすれば、それを可能にする客観的条件は、行政裁量の存在であるといえる。すなわち、一定の目的達成のために、手段・事業の選択とその適用・実施について行政に裁量が認められる場合に、行政計画は策定されうるのである。たしかに、一定の要件があれば一定の措置をとることが認められている行政、例えば租税の賦課・徴収について、計画を策定することはまずできないであろう。また、交通規制のような規制行政それ自体について計画の策定を考えることは困難である。

得力をもっていない（土地区画整理事業計画の処分性を否定する近年の判決として、最判一九九二（平四）・一〇・六）。

これに対し、用途地域指定については、その権利制限的効果が後続の建築確認の段階で顕在化するという意味で、争訟未成熟論が妥当するようである。しかし、用途地域指定と後続行為との間に違法性の承継が認められるとしても、用途地域指定から何年もの時間をおいて建築確認が行われる場合、その段階で裁判所が何年も前の用途地域指定の違法性を認定することは実際上困難である。その間に発生した既成事実の重みを無視することはできない。むしろ、取消訴訟の既成事実防止機能や紛争一挙解決機能を活用するため、用途地域指定を訴訟の対象として認めることが適切である。

権利制限的効果を伴わない非拘束的計画については、その性質上、裁判所による統制が認められる余地は少ない。ただ、ある計画が策定された結果、土地を買収または収用されることが確定的になるなど、計画の存在が国民の権利利益に侵害的な影響を及ぼすことになる場合には、計画（の策定）に処分性が認められる余地がある（参照、最判一九九二（平四）・一一・二六＝大阪・阿倍野市街地再開発事業計画取消請求事件、福岡高判一九九三（平五）・六・二九）。こうした余地が認められるのはとくに実施計画であるが、実施計画について一般的に処分性が認められるわけではなく、処分性が認められるか否かは、この影響の内容・程度の考慮に基づく救済の必要性についての個々の場合の判断にかかっている。

さらに、国民の権利利益に対する侵害的影響の可能性に乏しく、その点で救済の必要性が認められない基本計画についても、その処分性を肯定するという考え方もありうるが、ただ、このようにして認められる訴訟は事前手続的なものとして位置づけられるものであろう。(1)

3　損失補償・損害賠償

行政計画に関連して生じる損失補償法・損害賠償法上の問題としては、拘束的計画による権利行使の制限に対する補償の有無の問題や計画が変更された場合において損害を受けた者の補償または賠償の問題がある。前者の問題は、とくに都市計画について問題になるところであるが、都市計画のための権利行使の制限については、都市計画法上、損失補償についての規定がない。用途地域指定による土地利用の制限は、用途の混在による都市機能の低下や生活環境の悪化を阻止しようとするものであり、ひいては当該土地を含む都市全体の利益となるものであるから（遠藤博也・都市計画法50講〔改訂版〕〔一九八〇〕一七七頁）、無補償であることも肯認できるところである。後者の問題は、ドイツの学説・判例にならい計画担保（保障）請求権の問題として論じられることがあり、いかにも行政計画法に固有の問題のようである。しかし、この問題は、むしろ行政施策の変更に対する国民の信頼保護の問題の一環として取り扱うのが適切である（信頼保護については、第四章、五九頁以下も参照）。

（1）　二〇〇四年の行政事件訴訟法改正をきっかけに確認訴訟の活用の機運が高まっているが、行政計画を争う場合にもこの確認訴訟を用いることが考えられる（芝池・救済法一六八頁以下を参照）。

第一四章　行政契約

第一節　行政契約の概念

1　行政契約の概念

国や地方公共団体などの行政体がその活動の過程において締結する契約を総称して行政契約という（例、公共用地取得のための売買契約）。行政契約は、行政行為と同様に、具体的な権利義務の創設・変更等に関わる法行為であるが、両当事者の合意に基づいて行われる点において、一方的権力的に行われる行政行為とは区別される。すなわち、行政行為が権力的法行為の一つであるのに対し、行政契約は非権力的な法行為である。

行政契約は、行政行為とは右のように区別されるものであるが、いずれに属するのかが不明確なものもある。例えば公務員の任命行為が契約か行政行為かは、一九世紀末以来の議論の対象である。また、道路の占用許可についても、行政契約説と行政行為説とがある。

なお、行政行為が行政庁の行為とされるのに対し、行政契約は、国や地方公共団体のような行政体の行為と把握される。

2　公法契約の概念

伝統的行政法学においては、このような行政契約は公法上の契約（例、公務員の勤務契約、公共用地取得のための土地収用法上の協議）と私法上の契約（例、物品納入契約、建築請負契約）とに二分され、前者が行政法学の対象とされ、その法理が探究された。

このような区別は、今日においても、行政事件訴訟法が公法上の当事者訴訟の一つとして公法上の法律関係に関する訴訟を予定しているため、意味がないわけではない。しかし、公法契約と私法契約の区別は困難であり、また、私法上の契約を、私人間での契約と同様に私的自治の原則のもとにおくことができるかという問題がある。さらに、公法上の当事者訴訟は民事訴訟と大差のあるものではない。実体法的にも、行政が一方の当事者となる契約を行政契約ととらえ、公法と私法の区別にとらわれることなく、その法的統制の法理を考えていくことが適切であろう。(1)

（1）　公法契約の観念を用いると、私人相互間での契約であっても、これに該当するものがある。例えば土地収用法における起業者と土地所有者との間での協議（土地収用一一六条）がそれである。しかし、行政契約の概念を、前述のように、行政体が少なくとも一方の当事者となる契約と把握すると、私人相互間での契約は行政契約に含まれないことになる。ただ、こうした私人間での契約の中には、建築協定（建築基準六九条以下）、緑地協定（都市緑地四五条以下）あるいは住民・事業者間での公害防止協定のように、個々の住民の権利利益の保護とともに、公益の保護の機能をもった契約の存することにも注目しておきたい。

第二節　行政契約の種別

大別すると、行政体と私人との間での契約および行政体相互間での契約がある。行政体と私人間での契約が量的にも多く、また多様である。

1　行政体と私人との間での契約

この種の契約には、次のようなものがある。

(1)　行政サービス提供に関わる契約　　公共施設（例、公営住宅、公営体育館、公民館）・公共企業（例、郵便、上水道）の利用や補助金等の交付に関する契約がその例である。「給付行政のためにする契約」あるいは「給付行政における契約」といわれることもある（今村・入門一二〇～一二一頁、塩野・行政法Ⅰ一七六頁以下）。もっとも、公共施設の利用承認や補助金の交付は、法律や条例により、行政処分の形式をとっていることがある（形式的行政処分。本章第四節を参照）。

(2)　行政の手段調達のための契約　　これには、いわゆる政府契約[1]（例、物品納入や公共事業請負の契約）、公共用地買収のための契約その他の公用負担契約（例、私有地を道路の敷地に供するについての契約）、公務員の雇用契約がある。前二者は物的手段の調達を目的とするものであり、最後のものは、人的手段の調達を目的とするものである。私人への事務の委託の契約（例、郵便五条一項、廃棄物処理六条の二第二項・第三項）は、両方の側面をもっている（委託契約については、阿部・法システム下五九一頁以下が有益である）。

(3)　財産管理のための契約　　国公有財産の売払いや貸付のための契約がこれにあたる。ただ、国公有財産のうちの行政財産の貸付については許可の形式がとられている（いわゆる目的外使用許可。国有財産一八条三項、自治二三八条の四第四項）。

⑷　規制行政の手段としての契約　規制行政は、本来法律に基づいて行政行為や行政指導などの手段により行われるものであるが、法律の規定が不十分である場合には協定が締結されることがある。その最も著名な例は公害防止協定である。

公害防止協定は、地方公共団体が、法令の不備を補うため、公害防止を目的として事業者と締結する協定である。これについて、公害行政のような権力的規制を当事者の取決めによって推進することの危険性を危惧しこれを法的拘束力のない紳士協定と解する説も存したが、近年は、具体的取決めについては、契約としての法的拘束力を認める見解が有力である（公害防止協定ではないが、協定の法的拘束力を認める判例として、最判一九六七（昭四二）・一二・一二）。なお、地方公共団体が、街づくりのため、開発業者との間で公共施設の整備などについて取り決める開発協定もここで挙げておこう（もっとも、街づくり行政が本来権力的規制行政の性格をもつものとはいえない）。

⑸　その他の契約　以上の他、報償契約や和解がある。報償契約は、かつて市町村とガス・電気事業者との間で締結されたもので、事業者に道路の占用を認め、他方で報償金を納付させるとともに、料金その他の供給条件について市町村の監督に服することを内容とするものである。和解は、行政上の紛争の解決を図るものである。これまでややもすればその存在を見逃されてきたものであるが、実務上大きな役割を果たしているのであって、今後その法的な検討が強く要請される。(2)

2　行政体相互間での契約

行政体相互間での事務の委託（自治二五二条の一四、学校教育三一条一項）、道路や河川の管理費用の分担（道路五四条、為について広く当該地方公共団体の住民に原告適格を認めるものであるため、財務会計上の行為の分野にかぎってであるが、行政契約に対する第三者による裁判的統制の手段としても用いられている（例、前記最判一九八七（昭六二）・三・二〇、最判一九八七（昭六二）・五・一九）。

第一五章　行政指導

　行政指導とは、多くは法律上命令権などの法的手段が与えられていない場合などにおいて、行政機関が、相手方に対して一定の行為を行うように求める作用である。法律上の手段が与えられていなければ、行政としては何もすべきではないとも考えられるが、むしろ行政としては法律上の手段がなくとも公益追求の努力を怠るべきではないと考えると、前述の協定やこの行政指導がそのための手段として考えられるのである。また、行政行為が権力的行政の手段であるとすれば、協定や行政指導は、「ソフトな行政」の手段として、今日の行政のあり方に適合的なものであるともいえる。この評価は、後述のように必ずしも適切なものではないが、いずれにしても、行政指導はわが国の行政のなかで好んで用いられる手段である。

　「行政手続法」は、後述のように、行政指導に定義づけを与えるとともに、そのあり方について実体的規定と形式的規定をおいている。これは、従来法の枠外でまたいわば舞台裏で行われがちであった行政指導を表の舞台に乗せ法のルールに従わせようとする試みである。

第一節　行政指導の概念

1　行政指導の概念

行政指導とは、行政機関が、国民や他の行政体等に働きかけ、その任意的な協力を得て、一定の行政目的を達成しようとする事実上の行為である。法律に基づかないものも多いが、法律で根拠を与えられている場合もあり、そこでは、勧告、指導、助言などと呼ばれている。「行政手続法」も、行政指導を「行政機関がその任務又は所掌事務の範囲内において一定の行政目的を達成するため特定の者に一定の作為又は不作為を求める指導、勧告、助言その他の行為であって処分に該当しないもの」という定義を与えている（行手二条六号）。

行政指導の特質は、第一に、事実行為であることである。すなわち、それは、相手方に対して義務を課するものではなく、したがって強制執行に連動していない。

第二に、行政指導は、少なくともその建前においては、非権力的行為である。すなわち、それは強制的なものではなく、相手方の任意的な協力を求めるものである。不服従に対して刑罰や過料（秩序罰）が定められている場合には、その行為は行政指導ではなく権力的行為として理解することができる。これに対し、法律が勧告・指導・指示のような措置を授権するとともに、これに対する不服従に対して、不服従の事実の公表や給付の打ち切りを予定している場合がある（二五二頁を参照）。このような措置は行政指導と解される。

第三に、行政指導は、具体的な行政目的達成のための一つの手段である。すなわち、右のような非権力的事実行為のうちで、特定の目的達成のための方向性と多少とも規制的な力をもった作用が行政指導である。政策プログラムの公表のような広報活動、見解の表明、情報提供などは、目的の具体性と規制的な力を備えていなければ、行政指導として把握する必要はないであろう。

2　制裁を伴う行政指導

法律上、行政指導に対する不服従について制裁が定められていることがある。この現象はとくに指示と呼ばれる措置についてみられる。すなわち、勧告に対する不服従がある場合についてその事実の公表や補助金等の返還が定められることもあれば、指導に対する不服従がある場合に指定の取消が定められていることもある（国土利用二六条、容器包装二〇条二項、資源有効利用二〇条二項・二三条二項、社会福祉五八条三項、生活保護五一条二項）。しかし、最も多く例がみられるのは指示であり、指示に対する不服従に対し、給付の停廃止（生活保護六二条三項。この規定では、「指導または指示」に対する不服従について給付の停廃止等が認められている）、不服従の事実の公表（国民生活安定六条三項・七条二項など、石油需給六条四項・九条二項など）、業務停止命令（宅建業六五条一項・三項・四項三号、建設業二八条一項〜五項）、承認の撤回（所得税一五〇条一項二号、法人税一二七条一項二号）などの措置が規定されている。

指示の中には、不服従に対する制裁を予定されていないものがあることも事実であるが（道交六条三項、風俗営業二五条・二九条・三四条一項、景表七条）、右の制裁を予定されているものについていえば、これを行政指導の一種として理解するとしても、機能的には行政行為に近い役割を果たすのであり、手続法上あるいは争訟法上は、これに準じて扱うことが考えられる。(1)

（1）　この問題は本章第四節**1**（二六二頁）で取り上げる。なお、指示に対する不服従につき罰金等の処罰が予定されている場合があるが（道交一五条・一二一条一項四号、自然公園三〇条二項・七三条九号）、この指示は行政行為とみることができる。また、指示は、下級行政機関に対する上級行政機関の措置としてあるいは地方公共団体に対する国の措置として定められていることもあるが、この種の指示は別途の検討が必要である（例、道交一一〇条、国土利用一三条一項、都市計画二四条一項）。

第二節　行政指導の種別

1　私人に対する行政指導

行政指導はその機能により次のように分けることができる（別の分類として、大浜・総論二四五頁以下）。

(1)　助成的・授益的指導　　これは、行政が、私人に対し、その福祉の向上などを目的として、知識または情報を提供するものである。児童相談所や保健所が児童・妊産婦の福祉・保健に関して行う指導（児童福祉一二条二項・一二条の六第一項第二号以下）など、社会保障行政の分野において多くみられる。

(2)　規制的指導　　これは、その目的または内容において、相手方に対する規制的な力をもった行政指導である。これは、さらに次のように分けることができる。

(ア)　私人の行為の適法性確保のための事前指導　　これは、私人が行う許認可の申請や税金の申告に際して、その適法性の確保のために行われる行政指導である。

(イ)　私人の違法行為是正のための指導　　これは、現に発生している私人の違法行為の是正のために行われる指導である。例えば、個人情報保護法に違反した個人情報取扱事業者に対して主務大臣が行う勧告がその例である（個人情報保護三四条。個人情報取扱事業者がこれに従わなかった場合には、主務大臣は勧告に係る措置をとるべきことを命ずることができる。他の規定例として、振動規制一二条、騒音規制一二条、湖沼水質保全二〇条、工場立地九条)。また、建築基準法上、行政庁は、違法建築物に対して、是正措置命令を発することができるが（建築基準九条一項）、それに先だって警告を発することが考えられる。

(ウ) 独自の規制目的達成のための行政指導　これは、違法行為の防止または除去を目的とするものではなく、より積極的に独自の目的の達成のために行われる行政指導である。不況時において旧通商産業省によって行われた操業短縮の勧告がよく挙げられる例である。これは法律の根拠を欠くものであるが、地方公共団体が開発業者に対して行う町づくりのための行政指導については条例が定められていることもある。

(3) 調整的指導　これは、私人間、例えば大企業者と中小小売商との間での紛争（小売特措一七条）や、マンションの建築主と周辺住民との間での紛争の解決のために行われる行政指導である。この行政指導は、それが行われる利益状況の特殊性により一般の規制的行政指導とは区別されるが、一方の紛争当事者にとっては規制的なそれとして働くことがある。

行政指導は法令上、勧告、指導、助言などと呼ばれている。このうち、勧告は、確定的内容の、命令的色彩をもつものであり、法律上も要件・内容などについて比較的に詳細な規定の設けられていることがある。規制的・調整的指導には、勧告と呼ばれるものが多い。これに対し、指導および助言は、勧告のような強い意味をもたず、助成的・授益的指導にあたるものが多い（勧告、指導、助言をすべて挙げる法律の規定として、水質汚濁一三条の三・一四条の一〇、屋外広告物一一条、宅建業七一条。また、勧告・助言と援助が挙げられることもある。例、建築基準一四条二項、土地区画整理一二三条）。

判断の根拠の提示（資源有効利用一三条一項・一七条一項・二三条一項・三三条一項など）などが定められている場合がある。

（1）むろん、制裁を伴う行政指導であっても、要件の規定が抽象的なものもある。参照、生活保護二七条、所得税一四八条二項、法人税一二六条二項。

第四節　行政指導と救済

1　取消訴訟

違法な行政活動に対する第一次的救済手段は取消訴訟であるが、行政事件訴訟法上、取消訴訟の対象は多少の例外はあるが行政処分（行政行為）に限定されている。ところが、行政指導は非権力的な事実行為であるから、これに対しては取消訴訟が認められないことになる。しかし、行政指導のうち、それに対する不服従に対し制裁が予定されているような強い規制的な力をもったものについては、救済の機会を保障するため取消訴訟を許容する必要があろう（制裁として公表を予定された行政指導につき取消訴訟を考える学説として、塩野・行政法Ⅰ一九三頁。その他、原田・要論一九二頁、佐藤・総論二八三頁。裁判例では、秋田地判一九九三（平五）・四・二三が生活保護法上の指示・指導〔これに従わないと給付の停廃止の可能性がある〕について取消訴訟を認め、さらに、最判二〇〇五（平一七）・七・一五が医療法三〇条の七に基づく病院開設中止の勧告〔これに従わないと保険医療機関の指定を受けられない可能性がある〕につき取消訴訟を認めるに至っている）[(1)]。

行政指導が取消訴訟の対象になる場合、裁判所は、その違法性の有無を審理することになる。従来は、個別法律におかれた若干の規定の他は、比例原則のような憲法原則と条理法がこの違法判断の基準となるだけであったが、「行政手続法」において実体的および形式的規定が設けられたので（二五八頁以下を参照）、行政指導が違法の判定を受けることは多くなろう。

2 国家賠償

違法な行政指導により損害を被った場合の損害賠償については、まず適用法条が問題となる。すなわち、国家賠償法一条一項は、「公権力の行使」による損害についての国・公共団体の賠償責任を定めているが、行政指導がこの「公権力の行使」にあたり、行政指導による損害の賠償は国家賠償法の定めるところによることになるのか、それとも、行政指導が「公権力の行使」にあたらず民法の規定によることになるのか、という問題である。

ここでは、国家賠償法一条の「公権力の行使」の観念についての議論には立ち入らないが、学説上、この「公権力の行使」の観念を、非権力的行政作用を含む公行政一般をカバーするものと解するいわゆる広義説が有力であり、これによれば、行政指導についても国家賠償法一条が適用される。また、裁判例においても、行政指導を「公権力の行使」にあたるとみて国家賠償法を適用する例がみられる（東京地判一九七六（昭五一）・八・二三＝コンドルデリンジャー事件など）。規制的な力の強い行政指導は行政行為に準じるものとして国家賠償法一条を適用することには合理性があるが、規制的な力の乏しい行政指導については民法による対処も考えられないではない。

国家賠償法、民法のいずれを適用するかを問わず、行政指導による損害の賠償の請求においてとくに問題となる一つの点は、因果関係である。すなわち、行政指導の性質上、相手方はそれに従う義務がないため、それに従ったことによって損害が生じた場合、行政指導と損害発生との間の因果関係の有無が問題となるのである。行政指導の規制的な力が強ければ、この因果関係も肯定され易いであろう。

賠償責任が成立するための一つの要件である違法性については、**1**で述べたことがあてはまる。なお、一旦行った行政指導を行政みずからが遵守せず方針を変更したような場合には、信頼保護原則の違反として責任を問われることがある（第四章、五九頁以下を参照）。

（1） 行政指導たる旧大規模小売店舗法上の通商産業大臣の変更勧告（七条一項）につき、法律上の地位に変動が生じていないことを理由に行政処分性を否定する例があるが（東京高判一九八五（昭六〇）・六・二四）、疑問である。参照、浜川清「行政訴訟の諸形式とその選択基準」：杉村編・救済法1九三頁注17。なお、阿部泰隆・行政訴訟改革論（一九九三）一三七～一三八頁は、変更勧告は地元小売り店との関係で行政処分であるが、相手方である大型店との関係では処分とはいえないと解している（相対的行政処分）。

補論　要　綱　行　政

1　要綱行政の概念

要綱行政とは、字義どおりには、要綱に基づいて行われる行政活動を意味する。そして、要綱とは、国や地方公共団体において内部的に定められている規範を指す。要綱は、行政機関によって制定される点では政省令・規則と異ならないが、これらのような正式の規範として定められているものではなく、法的拘束力をもたない。

このような要綱は、国、地方公共団体を問わず、また行政の分野を問わず、数多く存在している（例えば各種の補助金要綱。また閣議決定された要綱として、「公共用地の取得に伴う損失補償基準要綱」（一九六二年）、「新総合土地政策推進要綱」（一九九七年））。したがって、広く要綱に基づいて行われる行政活動を要綱行政ということができないわけではないが、要綱行政という場合、これまで念頭におかれてきたのは、多くの地方公共団体において日照指導要綱や宅地開発指導要綱に基づいて行われてきた開発や建築の規制のための行政活動である。

この指導要綱に基づいて行われている要綱行政は、行政法各論の問題として取り扱われるべきものであるが、ただ、それは、行政手段の組合せなど行政法の一般理論の見地からみても興味深い素材を提供している。

2 指導要綱の目的・内容

指導要綱は、宅地開発・団地建設・中高層住宅建設による人口増加とそれに伴う地方公共団体の財政負担の増大さらには事業者と住民との間での紛争の発生に対処するために制定されたものであるが、その後、良好な住環境の維持・形成を目的とするものになっている。その内容は三つのものに大別できる。

(1) 行政指導条項　例えば中高層住宅の建築の際の周囲に対する配慮、最低敷地面積・駐車場の設置などを定める。

(2) 制裁条項　要綱やそれに基づく行政指導に従わない者に対する行政サービス提供の留保、氏名の公表等を定める。

(3) 負担条項　宅地開発等を行う事業者に対し、公共施設（道路・公園・学校等）の用地の無償提供、負担金の納付などについて定める。

3 要綱行政の適法性

(1) 行政指導　要綱行政においては、行政指導は、その実効性を確保するため、建築確認などを留保して行われる。マンション建設に対する行政指導中の建築確認の留保に関する事件において、最高裁判所は、前述のように、地方自治法および建築基準法の趣旨・目的に照らして、社会通念上合理的と認められる期間、行政指導を行うことは、建築主が任意にこれに応じているものと認められる場合には違法といえないとみており、また、建築確認の留保も、建築主が行政指導にはもはや協力できないとの意思を真摯かつ明確に表明するまでは違法ではないとしている（最判一九八五（昭六〇）・七・一六。本章第三節2、二六〇頁参照）。

(2) 制　裁　要綱やそれに基づく行政指導に従わない者に対する制裁としての公表や行政サービスの提供の留保については、第一二章第四節（二一九頁以下）を参照されたい。

(3) 負　担　開発負担金（開発協力金）の徴収に関しては、いくつかの裁判例が出ている。下級審の裁判例においては、開発負担金の徴収またはそのための行政指導は適法なものとして承認されてきており（高裁段階の判決として、東京高判一九八八（昭六三）・三・二九、大阪高判一九八九（平元）・五・二三、東京高判一九八九（平元）・一〇・三一）、ただ行政指導ないし開発負担金制度の運用に行き過ぎなど不適切な点があれば、違法性が認められている（開発負担金の徴収を違法とする判決として、大阪地堺支判一九八七（昭六二）・二・二五）。

これに対し、最高裁判所の一九九三（平五）年二月一八日の判決は、指導要綱制定に至る背景、制定の手続、地方公共団体が当面していた問題等を考慮すると、行政指導として開発負担金（教育施設負担金）の納付を事業主に対して求めること自体は、「強制にわたるなど事業主の任意性を損なうことがない限り、違法ということはできない」としつつ、本件の負担金の納付を求めた行為を「本来任意に寄付金の納付を求めるべき行政指導の限度を超えるものであり、違法な公権力の行使である」としている。

開発負担金の徴収の適法性を根拠づける理由としては、開発の自由が大幅に認められる一方、公共施設の整備のための財源の手当が十分ではないという現行法制の歪みが存することや、街づくりが行政と事業者との協力・協働によって実現されるべき課題であるということが考えられる。

第一六章　行政調査

第一節　行政調査の概念および種別

1　行政調査の概念

行政調査とは、行政機関によって行われる、行政目的達成のための調査（情報収集）活動である。法律は、しばしば法律の執行のための必要に応じて、報告の徴収、立入検査（臨検）、質問（これら三つの手段の規定例として、消防四条一項、国民生活安定三〇条一項、道路運送車両六三条の四第一項）、さらにはこれらに加え試験用サンプルなどの無償収去を授権しているが（これら四つの手段の規定例として、麻薬五〇条の三八第一項。この他、食品衛生二八条一項、薬事六九条、原子炉六七条・六八条）、これらは行政調査にあたる。また、出頭命令、資料提出の請求（独禁四〇条、介護保険一〇〇条一項）、第三者に対する報告の請求（生活保護二九条）が定められていることもある。さらに、公害関係の法律では、公害の状況の常時監視が行政機関に義務づけられている（例、大気汚染二二条一項、水質汚濁一五条一項）。

伝統的行政法理論では、行政調査は行政活動の独立の行為類型としては論じられず、行政調査にあたるものとしては、ただ強制的性格をもった立入などが即時強制の一つとして位置づけられ、論じられていたにとどまる。しかし、

VI　行政活動の手続的統制

第一七章　行政手続

本章で説明する行政手続の問題とは、例えば行政機関が行政決定を行うにあたっての聴聞のあり方の問題である。わが国において、この行政手続のあり方が注目されるようになったのは、戦後のことである。戦前においては、行政手続のあり方が問われることはほとんどなかった。当時は、行政活動の適法性は、法律による行政の原理と事後的な訴訟制度によって保障されると考えられていたのであろう（もっとも、行政訴訟の制度もはなはだ不完全なものであった）。これに対し、戦後においては、英米の行政手続法思想（イギリスの自然的正義の原則、アメリカの適正な法の過程の法理）の影響のもとで、「行政手続の適正化」が行政法の一大課題になってきた。

「行政手続の適正化」の見地からは法律による手続の整備が望ましい。しかし、従前は一般的な行政手続法は存在せず、個別法律で手続規定がおかれるにとどまっていた。このため、行政手続法一般の議論は、憲法および条理法の次元で行われてきた。しかし、ようやく一九九三年一一月、「行政手続法」が制定され、行政手続法の一般理論のための法律的な基盤が与えられることになった。

以下では、この「行政手続法」を中心に行政手続法について説明する。（1）

（1）　以上の説明においてすでに看取されることであるが、行政手続法という観念は、行政手続に関する法（実質的意味での行政手続法）という意味で用いられる場合と、法律としての行政手続法（形式的意味での行政手続法）を指す意味で用いられる場合とがある。従前は、行政手続法といえば前者の意味をもっていたが、一九九三年に制定された法律が行政手続法という名称を採用したことにより、行政手続法という語は二重の意味をもつことになった。以下では、用語上の混乱を避けるために、法律たる行政手続法を指す場合には括弧をつけることにする。

第一節　行政手続の概念・種別・機能

1　行政手続の概念

行政手続とは、広義には、行政活動の手続的な側面を指称する概念である。行政活動は、手続の面からみると、行政手続としてとらえることができるのである。そして、この行政手続は、行政行為などの行政決定に至るまでの事前手続と行政決定ののちに行われる事後手続とに大別することができるが、行政手続として議論の対象になるのは、ふつう事前手続である（事後の行政手続は、行政上の不服審査制度として論じられる）。

行政手続の概念は、狭義には、聴聞や公聴会あるいは理由付記のような仕組みを指すものとして用いられることもある（装置としての行政手続）。これに対し、右の行政手続の概念は、このような手続的な装置の有無を問うものではない（過程としての行政手続）。「行政手続の適正化」という場合、行政手続とは「過程としての行政手続」であろう。また、「実体法と手続法」という場合の手続の観念もこの意味のものである。ただ、行政手続の語が「装置としての行政手続」の意味で用いられることも多い。

2 行政手続の種別

(1) 行政手続は、まず、前述のように、事前手続と事後手続とに分けることができる。本章で説明するのは事前手続である。

(2) 次に、この事前手続としての行政手続としては、従来、行政行為（行政処分）に先立つ手続（行政行為手続ないし行政処分手続）が主として論じられてきたが、この他、行政立法手続、行政契約の締結手続（行政契約手続）、行政計画の作成・決定の手続（行政計画手続）、行政指導手続、行政調査手続、行政上の強制執行手続などの事前手続もある。さらに、行政組織内部での行政機関相互間の調整手続や、国と地方公共団体の間での手続（例えば地方公共団体の意思決定についての主務大臣の承認）もある。

(3) 右の各手続の適正化のための方策（装置）は、それぞれの手続の特質に応じ、一律ではない。行政行為手続や行政計画手続の適正化の装置としては、聴聞、公聴会、意見書提出、審議会への諮問、理由付記、裁量基準の定立・公表、文書閲覧・会議の公開などがある。これらは、行政行為手続や行政計画手続以外の手続においても、用いられることがあるが、例えば行政契約手続や行政調査手続においては、入札手続や裁判官の令状方式のような独自の手続もある。

(4) 装置としての行政手続は、その目的とするところにより、権利保護手続と参加手続に分けることができる。前者は、例えば自動車の運転免許の撤回にあたっての聴聞のように、相手方の権利保護のために行われる手続である。機能的には、同じく権利保護を目的とする裁判手続の不十分さを補完するものと位置づけることができる。形態としては個別的な行政行為の際の聴聞が典型的な例である。

これに対し、参加手続とは、公益のため、すなわち、よりよい行政決定を行うために住民参加を通じて行政の意思決定に住民の意思を反映させようとするものである。民主主義の見地から要請されるもので、機能的には議会の立法手続を補完するものといえる。例えば行政立法手続(命令等制定手続)たる意見公募手続(行手三九条。実質的には意見書提出手続である)や都市計画の決定手続としての公聴会や意見書提出の手続がこれにあたる(都市計画一六条一項・一七条二項)。

右の都市計画決定の手続がそうであるが、参加手続の多くは、権利保護手続の要素を併有している。しかし、両者は類型としては区別されるべきものである(ただし、小高・総論二一四頁)。

沿革的にみると、戦後の行政手続に関する議論において論議の対象とされてきたのは、主として権利保護手続たる行政行為手続であるが、行政計画手続のような参加手続も近年次第に注目されるようになっている。つまり、わが国では、権利保護手続が十分に整備されないままに、その整備とともに参加手続の採用が要請されてきたといえる。「行政手続法」は、当初、制度化の対象を権利保護手続に限定し、参加手続の整備は将来の課題としたが、二〇〇五年の法律改正により行政立法手続(命令等制定手続)たる意見公募手続が導入された(行手三九条)。

なお、以上の権利保護手続と参加手続の二つの類型の他、近年、公正化・透明化手続または公正手続という類型が挙げられることがある(室井力「行政手続法とその課題」ジュリスト一〇三九号(一九九四)三一頁、兼子仁・椎名慎太郎編著・行政手続条例制定の手引(一九九五)一二一頁)。利害関係人の権利保護や住民意思の反映を図るためではなく、行政決定の公正さや透明性を確保するための手続を指し、具体的には、公共事業の際の入札手続がこれにあたる。ただ、この手続は、行政手続の整備や行政手続法の制定をめぐる議論においては、念頭におかれてこなかった。会計法(二九条の三以下)や地方自治法(二三四条)で定められ定着していることがその理由であろう(簡単であるがこの手続の説明として、第一四章第三節**3**、二四五~二四六頁を参照)。

3　行政手続の機能

行政手続（装置としての行政手続）のもつ積極的意義ないし機能を整理すると、次のようになる。

(1)　行政手続は、第一に、行政決定の民主的正当性の確保に資するであろう。行政決定の民主的正当性は、第一次的には、法律の授権によって与えられるが、しかし、それだけで十分であるとはいいがたい。今日の行政活動のかなりの部分は単なる法律の執行ではなく、行政に広い裁量行使の余地が認められていることが少なくない。こうした場合には、法律によって授権されさらにその規制を受けていることのみでは行政活動を正当化するには十分でないことが多い。行政決定への民意の反映は、民主主義国家における行政の一つの課題であるが、行政手続はそのための手段である。

(2)　行政手続には、第二に、行政決定にあたっての行政機関の慎重さを確保する意味がある。この機能は、理由付記の機能として挙げられる（参照、最判一九六三（昭三八）・五・三一）ことがあるが、むろん、これ以外の手続についても妥当する。

(3)　右のこととあいまって、行政手続によって行政機関が単独で判断するよりもより適切な決定が得られる可能性が与えられる。すなわち、行政決定の相手方やその他の利害関係人らに意見表明や証拠提出の機会を与えることによって、さまざまな情報が収集され、また争点が整理される（情報収集機能、争点整理機能）。こうしたことによって、行政決定の要件事実の認定の正確さが確保され、また、行政機関に裁量が与えられている場合には、裁量的判断の合理性が確保される。さらに、行政決定をめぐって私人間において利害が対立している場合には、行政手続は、行政機関による利害調整の合理性・公正さを担保するという意味をもつ。

(4)　右の機能をもつ行政手続が事前に行われることは、違法な行政活動による権利侵害の未然防止、既成事実の発法」の直接の目的は、「行政運営における公正の確保と透明性の向上」である。

(2) 「行政運営における公正の確保」 「行政運営における公正の確保」とは、行政の意思決定の内容およびその過程が行政担当者の偏見に左右されたり、特定の者の利益に偏ったりすることがないことをいう（小早川・行政法下Ⅰ三四頁も参照）。法律による行政の見地からいえば、法律に則って行われる適法な行政で足りるわけであるが、法律によって行政機関に裁量が認められていたり、そもそも法律の規定が欠けている場合には、行政の意思決定の内容やその過程が公正であることが求められることになる。「行政手続法」制定前、つまり行政手続についての法律の規定が不十分であった時期には、「行政手続の公正」、「公正な行政手続」が目標とされていた。「行政手続法」が制定されている現在では、この法律に則った「行政運営」が行われることによって、手続の面での公正さは一応保障されることになる（「公正さは一応保障される」と述べたが、これは、「行政手続法」の仕組みが手続法として必ずしも十分ではない〔例えば第三者利害関係人の権利利益に対する配慮が不十分である〕ためである）。

(3) 「行政運営における透明性の向上」 「行政運営における透明性」については、「行政手続法」一条一項に定義があり、「行政上の意思決定について、その内容及び過程が国民にとって明らかであること」と述べられている。この「透明性」の概念について、次のことを指摘しておきたい。

① 前記の公正の観念は、行政法理論上従来からしばしば用いられてきたものであるが、これに対し、「透明性」の観念は、日本では、一九八〇年代の行政改革の中で、すなわち政治行政の実務の中で用いられるようになったものである。法律の中で用いられるのは初めてであるため、前記のような定義が行われている（宇賀・解説三九～四〇頁）。

② 「透明な行政」とは、換言すれば、「ガラス張りの行政」ということであるが、「行政手続法」によってもたらされる「透明な行政」とは、そのようなものではなく、不利益処分の相手方など一定の利害関係人に対し、「行政運

営」の一端が明らかにされるにとどまる。

なるほど、一般に行政の透明度が上がることは、国民としては歓迎すべきことであるが、「行政手続法」の定める行政手続による透明度の向上には限界があることにも注意しておく必要があるわけである。つまり、「透明な行政」とは、本来は、行政の過程が全面的に公開され、ただ例外的に非公開の部分があるという状態を指すものであろう。しかし、「行政手続法」の下においても、行政の過程は原則として非公開であり、ただ権利保護などの必要性がある場合に一定の局面が相手方や利害関係人に対して開かれるにすぎない。「行政手続法」下でも、行政の現状と「透明な行政」の間の距離は大きいであろう。

③ したがって、「行政手続法」一条一項における「透明性」の定義でいわれている「国民」とは、不利益処分の相手方などの一定の利害関係人だけである（ほぼ同旨、塩野・行政法I二六〇頁、大浜・総論一九三頁）。他の大多数の国民にとっては、「行政運営」は不透明なままである。(1)

④ 行政手続の基本理念は、利害関係人などの意見を聴きそれを行政決定に反映させることであるが、「行政の透明性」の理念は、それを要請するものではない。「行政手続法」における行政の透明性のモメントの重視・強調は、この法律における行政決定への意思の反映のモメントの制度化の不十分さ（二八五～二八六頁を参照）に対応している。

⑤ 「透明な行政」の理念は、「行政手続法」の枠内では前記のような限界をもつものであるが、「行政手続法」を離れてそれ自体としてみれば、大いに意味あるものであり、したがって、「行政手続法」の仕組みのもつ限界を超えて、立法・行政・裁判の実務の中でこの理念の実現への努力が行われることが期待される（例えば行政情報の公表・公開制度の整備・充実）。

2　適用除外（行手三条一項など）

「行政手続法」三条一項は、一六項目にわたり適用除外事項を挙げている。この中には、学識技能に関する試験・検定の結果についての処分（一一号）のように性質上「行政手続法」の適用になじまないものもあるが、学校・刑務所などでの学生・生徒・在監者などに対する処分・行政指導、公務員に対する処分・行政指導、外国人に対する出入国・難民認定・帰化に関する処分・行政指導が全面的に適用除外されている（七号～一〇号）。これらが適用除外される理由は、「特別の規律で律せられる関係が認められること」に求められている（臨時行政改革推進審議会〔行革審〕の一九九一年一二月の答申の中の「行政手続法要綱案の解説」による）。つまり、学校・刑務所の在学・在監関係や公務員の勤務関係は、いわゆる特別権力関係であるところから、一般権力関係の行為と同一に取り扱う必要は必ずしもなく、また、外国人も日本人と同一に取り扱う必要は必ずしもないと考えられているわけである。

この他、不利益処分については意見陳述手続がとられることになっているが（後述）、金銭納付を命ずる処分や金銭給付を撤回・制限する処分が適用除外されているし（行手一三条二項四号）、また、個別法律により、租税の賦課徴収に関する処分・行政指導や社会保障・社会福祉の分野での処分も一定の範囲で適用除外とされている（国税通則七四条の二、地税一八条の四、生活保護二九条の二、児童福祉三三条の五、老人福祉一二条の二など）。

「行政手続法」の制定に対しては多くの抵抗があったから、その成立を期するためにその守備範囲を限定することは理解できるところである。しかし、公務員の免職処分や学生の退学処分のような相手方に重大な権利・利益の制限をもたらす行為までも適用除外することには疑問がある（同旨、高橋・手続法一五二頁、室井他編・手続・審査法三九頁、四四頁〔本多滝夫〕）。

「行政手続法」の適用除外に関しもう一つ注意を要するのは、この適用除外の結果、一般の国民が「生活者としての立場」で同法の適用を受けることはあまりないということであり、その結果として、「行政手続法」が事業者ないし経済の法としての性格を濃厚にもつことになっていることである。もともと、一般の国民が行政処分の相手方になることはそう多くないので、行政法自体が多かれ少なかれそのような性格をもっているといえるが、「行政手続法」は、行政事件訴訟法や国家賠償法と比べてもこの性格が強い。「行政手続法」を行政と国民一般との関係に関わる法と性格づけそれを強調することは、誤解を招くおそれがある。

3 「行政手続法」の地方公共団体への適用（行手三条三項）

行政手続法三条三項は、地方公共団体において行われる行為のうち、条例・規則に基づいて行われる処分、すべての行政指導、条例・規則に基づいて行われる届出および命令等を定める行為については、同法の適用を除外している。換言すると、法律・政省令等に基づいて行われる処分および届出には同法の適用がある。

地方公共団体の機関が行う行為について「行政手続法」の適用が制限されたのは、地方自治の尊重を図るためであるといわれている。ただ、地方公共団体は、「行政手続法」の適用を受けない行為について、「行政運営における公正の確保と透明性の向上を図るため必要な措置を講ずるよう努めなければならない。」とされている（行手四六条。この点につき、本章第一一節**3**、三二六〜三二七頁を参照）。

（1） 以上の限界のゆえに、公正の「確保」に対し透明性の「向上」という表現が用いられているのであろう。もっとも、後述のような審査基準などの公表の制度があるところから、「国民」概念を限定しない方が適当とする見解もある（高橋・手続法八三頁）。しかし、「行政手続法」によってもたらされる透明性には限界があるという事実も看過すべきではない。

第五節　審査基準・処分基準

行政手続の適正化のための第一の仕組みは行政庁が処分を行う際の基準の設定である。学説上、この基準は裁量基準として論じられたものであるが、「行政手続法」は、審査基準・処分基準の語を用いている。

1　審査基準・処分基準の設定・公表

(1)　「行政手続法」が事前手続の一つの仕組みとして定めているのは、行政自身による基準の設定である。許認可などの処分についてはもちろん法律に規定があるが、法律やそれに基づいて定められる政省令などをみても、許認可の基準は必ずしも明確ではないことがある。例えば墓地などの経営の許可については、法律は「都道府県知事の許可を受けなければならない」ことを定めるだけで（墓地埋葬一〇条）、要件についての規定をおいていない。そこで、行政庁の審査の客観性を担保するためには、基準の設定が望ましいということになる。

この基準は、行政庁に裁量が認められる場合に定められるべきものである。そこで、この基準は、学説上、裁量基準と呼ばれてきた（第五章第六節、八六頁以下、第八章第四節、一二〇頁を参照）が、「行政手続法」は、裁量基準の語を使わず、申請に対する処分について審査基準の制度を設け（行手五条）、不利益処分について処分基準の制度を設けている（行手一二条。定義につき同二条八号ロを参照）。

(2)　まず、申請に対する処分につき、行政庁は審査基準を定めるものとするとされている（行手五条一項）。「定めるものとする」という文言は、後述の処分基準についての「「定めるよう」努めなければならない」という文言と対比すると、行政庁に審査基準の設定を原則として義務づけるものと解される（同旨、宇賀・解説八一頁、塩野・高木・手続法一二七頁）。そして、この審査基準は、「できる限り具体的なもの」でなければならず（行手五条二項）、かつ、「申請の提出先とされている機関の事務所における備付けその他の適当な方法により審査基準を公にしておかなければならない」（行手五条三項）。

次に、行政庁は、不利益処分についても、処分基準を「定め、かつ、これを公にしておくよう努めなければならない」（行手一二条一項。定義につき同二条八号ハを参照）。その内容はやはり「できる限り具体的なもの」でなければならない（行手一二条二項）。審査基準の設定・公表が義務であるのに対し、処分基準の設定・公表は努力義務である。

前述のように、この審査基準・処分基準は、学説上裁量基準と呼ばれてきたものである。[1] そして、学説では、裁量基準は、大量に行われる処分やくり返し行われる処分について考えられてきたものであるが、「行政手続法」では、申請に対する処分および不利益処分一般について基準を定立することとされている。

また、従来は裁量基準を相手方に告知することは要求されても公表までは要求されていなかった（第五章第六節**1**、八六～八七頁を参照）。これに対し、「行政手続法」は審査基準・処分基準について公表をも定めている（もっとも、「公にしておく」という文言が用いられている）。

このように「行政手続法」は、申請に対する処分・不利益処分一般について基準の設定・公表を定めることによって、従来の学説・判例が考えていた水準を越えているわけである（ただ、前述のように、処分基準の設定・公表は義務ではない）。

2 審査基準の役割と具体性

以下では、とくに審査基準について述べる。

(1) 一般に、行政庁が許認可に関する法令の規定を具体化して設定する基準は、次のような役割をもっている。

な場合があるのではないかという問題がある。授益的行為であっても、テレビ局開設免許のように限られた数の免許を求めて多数の者が申請するいわゆる競願事件については、手続の公平を図るために聴聞を要請すべき必要が強いし、また、公有水面埋立免許のように相手方との関係では授益的であるが不特定多数の住民に不利益を及ぼす行為についても、やはり聴聞を行うべき要請が存在している。

もっとも、後者の場合には、「行政手続法」一〇条により公聴会が開かれる可能性があるが、前述のようにこの規定は努力義務の規定である。第三者利害関係人の保護は現代行政法の重要な課題であるが、「行政手続法」においてはこの点の配慮が十分ではなく（本章第三節**3**(**4**)、二八六頁を参照）、この欠点が聴聞手続の枠組みにも表れているのである。

③ 最後に、聴聞に関する「行政手続法」の枠組みは、せいぜい処分に適用されるだけで、その他の行政の行為（行政計画や行政立法など）には適用されない。二〇〇五年の法律改正により導入された行政立法手続（命令等制定手続）たる意見公募手続においても意見提出手続が執られるだけである。

4 聴聞の過程

「行政手続法」上の聴聞がどのように行われるのかをみておこう。

(**1**) 正式聴聞は、おおむね次のような過程で行われる。

① 行政庁は、聴聞の期日までに相当な期間をおいて、特定不利益処分の名宛人（厳密には、名宛人となるべき者）に、不利益処分の内容、不利益処分の原因となる事実（処分原因事実）などを書面により通知しなければならない（行手一五条一項）。例外的に公示による通知が認められることもある（行手一五条三項）。

この事前通知の意味は、第一次的には、処分の名宛人に対して処分のための聴聞手続が行われる旨を通知し、聴聞期日への出頭そのものを可能にするものであるが、さらに、名宛人＝当事者やその他の手続に参加する者（参加人。なお、名宛人・当事者・参加人については、三〇七頁を参照）が聴聞期日において有効に意見陳述・証拠書類の提出などを行うことを可能にするものでなければならない（この事前通知は、行政庁からの名宛人に対する情報の開示の第一の段階であることにも注意する必要がある）。

なるほど、不利益処分の内容、処分原因事実などは、聴聞期日の冒頭においても、行政庁の職員によって説明される（行手二〇条一項）。しかし、当事者などが聴聞期日において有効に意見陳述・証拠書類の提出などを行うことを可能にするためには、事前の通知が重要である。したがって、この通知の内容は、具体的なものでなければならない（東京地判一九六三（昭三八）・一二・二五＝群馬中央バス事件、大阪地判一九八〇（昭五五）・三・一九＝ニコニコタクシー事件）。このことはとくに処分原因事実について妥当する。

この他、従前は、行政庁が事前通知において保有する証拠を開示すべきかどうかの問題があり、主要な証拠の具体的な開示を要求する裁判例もあった（浦和地判一九七四（昭四九）・一二・一一）。しかし、「行政手続法」はそのために文書閲覧制度（後述）を設けたので、この問題がもつ意味は減少した。

なお、聴聞期日までの期間については、「行政手続法」は「相当な期間」と定めるにとどまるが、個別法律の規定では、一週間または二週間とされていることが多い（例、道交一〇四条の二第二項・第三項、生協九五条の三第一項）。しかし、正式聴聞のための準備を考慮すると、これでは「相当な期間」というには短すぎるようである。この点に関連して、聴聞の期日は、行政庁が一方的に決めるのではなく、名宛人となる者の希望を反映させることが望ましい。

② 当事者および一定の参加人は、聴聞の通知があった時から聴聞の終結までの間、行政庁に対し、「当該不利益処分の原因となる事実を証する資料」の閲覧を求めることができる（行手一八条。これを文書閲覧という。文書閲覧につ

いて、本章第八節**1**、三一五頁以下を参照)。

③　聴聞は、行政庁が指名する職員その他政令で定める者が主宰する(行手一九条一項)。聴聞の主宰者はおそらくは行政庁の所属職員であろうが、聴聞においては、行政庁の指揮監督は制限され、主宰者は一定の独立性をもつものと解される。

なぜなら、主宰者は、後述のように、聴聞後に作成する報告書において、自己の意見を記載し、行政庁はそれを十分に参酌して不利益処分の決定を行うことになっているが、このような主宰者と行政庁との関係からいえば、主宰者は、行政庁の指揮監督に服するだけでは足りず、「公正・中立的な立場から」「自らの責任において」(行政管理研究センター編集・逐条解説行政手続法〔18年改訂版〕(二〇〇六)二三四頁、二三五頁)積極的に自己の判断を形成することが要求されていると解されるからである。(2)

④　聴聞期日の冒頭において、聴聞主宰者は、行政庁の職員に対して、不利益処分の内容、その根拠となる法令の条項および処分原因事実を出頭した者に説明させなければならない(冒頭説明。行手二〇条一項)。

これらの事項は、すでに聴聞の事前通知において、名宛人に対しては知らされているものであるが、再度、行政庁の職員により口頭で説明されるのである。これは、行政庁の側からの情報の開示の第二の段階といえる。

⑤　当事者および参加人(以下では、当事者等という)は、聴聞の期日において、意見を述べ、証拠書類等を提出し、さらに行政庁の職員に対し質問を発することができる(行手二〇条二項。当事者等は、前述の文書閲覧の権利とあわせて、四つの権利をもつことになる)。

おそらく、行政庁の職員による説明に対してまず当事者等が行使する権利は、質問の権利である。この行政庁の職員に対する質問の権利は、行政庁の職員による説明の不明瞭な点を正すことを目的とするもので、行政庁の説明義務と表裏一体をなすものである。つまり、行政庁の職員の説明は、前述の冒頭の説明で終わるのではなく、当事者等の質問があれば、さらに説明が続くわけである。すなわち、質問と説明という形で、当事者等と行政庁との間でのやりとりが可能である。このように、質問権は、当事者等の意見陳述を実のあるものにし、意見の言い放しにしないことを保障する点で、きわめて重要な権利である（兼子仁・行政手続法〔一九九四〕一二三頁は、質問権の保障を「聴聞規定の白眉」だという）。

この質問権の保障は、行政庁に対し、この質問に答えうる職員を聴聞の場に出席させるよう請求する権利を含んでいる（兼子・前掲書一二四頁）。換言すれば、行政庁の側には、職員を出席させる義務がある。調査にあたるなどした職員などが聴聞の場にいなければ、質問の権利が意味のないものになるからである。

つぎに、意見陳述権についてみると、これは、予定されている不利益処分について当事者等が自己の主張をする権利であるが、当事者等が意見を述べることができるのは、事実についてだけなのか、法の解釈適用にも及ぶのかという問題がある。「行政手続法」は、この点について明確な定めをおいていない。ただ、聴聞主宰者の作成する聴聞調書や報告書が処分原因事実についてのものであることが予定されているところ（行手二四条一項・三項）から判断すると、当事者等は事実についてだけ意見を述べることができるにとどまるようである。しかし、法の解釈適用についても激しい意見の対立の存することが少なくない。したがって、聴聞においては、当事者等は法の解釈適用についても意見を述べることができると考えるべきであろう（同旨、大浜・総論二〇九頁、南・高橋・手続法二六五頁〔藤原静雄〕）。裁判例として、浦和地判一九七四（昭四九）・一二・一一。これに対し、大阪地判一九八〇（昭五五）・三・一九＝ニコニコタクシー事件は、事実問題に限定して判旨を展開している）。なお、当事者等が意見を述べることができる事実には、一般的事実も含まれる（杉村・手続法一〇四頁）。

第三の権利として、当事者等は、証拠提出の権利を有する。これは、意見陳述に裏付けを与えるものである。

⑥　聴聞は、行政庁が公開することを相当と認めるときを除き、非公開である（行手二〇条六項）。立法論としては、公開を原則とし、職権または申立により非公開とする余地を認める方法や、非公開を原則としながら、当事者に対して公開請求の可能性を与えることも考えられたところである。

⑦　聴聞期日における審理の結果なお聴聞を続行する必要があると認めるときは、主宰者は、さらに新たな聴聞期日を定めることができる（行手二二条一項）。わが国では、従来聴聞は行われても短時間で終わるのが通例であった。続行期日の指定の制度は、「行政手続法」が目指す聴聞の充実を実現する上において、また、それが実現した場合に、意味をもつものである。

⑧　聴聞主宰者は、聴聞の各期日ごとに調書を作成し、また、聴聞終結後、報告書を作成して行政庁に提出しなければならない。報告書の主な記載事項は、処分原因事実に対する当事者等の主張および聴聞主宰者の意見である。聴聞主宰者の意見の主要なものは、㋐処分原因事実に対する当事者等の主張の当否（ひいては処分原因事実の真偽）についての意見や㋑処分原因事実を処分の根拠にすることの当否についての意見であるが、㋒当事者等の主張に照らしての処分のあり方に関する意見も考えられる（ほぼ同旨、南・高橋・手続法二八九頁以下〔小池勝雅〕）。そして、当事者等は、この調書および報告書の閲覧を求めることができる（行手二四条）。

⑨　行政庁は、不利益処分の決定をするときは、右の調書の内容および報告書に記載された主宰者の意見を十分に参酌しなければならない（行手二六条）。

この参酌という日本語は、あまり使われない言葉であるが、行政庁が不利益処分をするにあたって厳格に調書や報告書の内容に拘束されるということまで意味するものではない。参酌という語の意味は、事実に関する意見と処分のあり方に関する意見とでは異なる。

当事者等は聴聞において法の解釈適用についても意見を述べることができるが（それは意味のあることである）、聴聞の重要な役割は、処分原因事実について当事者等に反論・立証の機会を与え、行政には、その真偽を吟味し、処分原因事実を処分の根拠にできるかどうかを検証する機会を与えることである。そして、聴聞主宰者は、報告書の中で、当事者等の反論・立証、処分原因事実の真偽および処分原因事実を処分の根拠にすることの当否について意見を述べるのである（事実に関する意見）。

この意見が報告書の形で行政庁に還元されるが、行政庁は、通例はこの事実に関する聴聞主宰者の意見に厳格に拘束されると解される（事実認定について最終的な権限を有するのは、聴聞主宰者ではなく、行政庁であるから、行政庁がこの聴聞主宰者の事実に関する意見を覆すことができるかどうかという問題がある）。

これに対し、報告書の中で処分のあり方についての意見が記されている場合、行政庁はこれに厳格に拘束されるわけではなく、意見とは異なる内容の不利益処分をすることが許されるであろう。
⑩ 聴聞と処分の関係に関連して、行政庁が処分の基礎とすることのできる事実は、聴聞手続において開示され当事者等が反論・立証をすることができた事実である（小早川・行政法下Ⅰ五四頁を参照。なお、この点は、行政庁は、当事者等が文書閲覧請求権を行使することができなかった調査資料に基づいて処分をすることはできないと表現されることがある。塩野・行政法Ⅰ二七九頁、阿部・法システム下五三八頁）。
(2) 弁明手続は略式手続であり、次のように行われる。
① 行政庁は、弁明書の提出期限までに相当な期間をおいて、不利益処分の名宛人に、不利益処分の内容、不利益処分の原因となる事実などを書面により通知しなければならない（行手三〇条）。例外的に公示による通知が認められ

由を付するという意味あいがあるが、「行政手続法」は理由を事後的に示す余地を認めている（行手八条一項但し書・一四条一項但し書）。理由提示の語はこの点でも便宜である。ただ、理由は通例書面で示されるものであるし、また、「行政手続法」も処分と同時の理由の提示を原則としている。この意味で、理由提示の原則的形態は理由付記である。

（2）むろん、第三者利害関係人の関心が強い処分については理由付記が必要であるということは、理由が何らかの形でこの第三者に知らされなければならないということを含意している。さらに、第三者利害関係人に対しては、処分が行われたことについての通知の必要もあることは前述した（第九章第三節注2、一四四頁を参照）。

（3）青色申告の更正処分において付記されるべき理由につき、最高裁判所は「〔納税者が備えている〕帳簿書類の記載以上に信憑力のある資料を摘示して処分の具体的根拠を明らかにすることを必要と」すると判示し（最判一九六三（昭三八）・五・三一）、提示される「理由」の中に資料の摘示をも含ませている。

第八節　文書閲覧・会議の公開

行政手続の適正化のための第四の仕組みは、行政決定の事前手続として、行政機関が保有する情報を開示したり、行政の過程を利害関係人に公開する制度である。情報の開示の制度として、「行政手続法」は、これまで述べたところでは、事前通知、聴聞期日における冒頭説明（処分原因事実の開示）および処分に際しての理由の提示を定めているが、これに加えて、文書閲覧の制度を設けている。また、後者の行政過程の公開の制度として、合議制機関の会議の公開もよく問題になる。以下においては、主にこの二つの制度について説明する。

1　文書閲覧制度

行政手続（とくに権利保護手続）における情報開示制度を文書閲覧という。従前、わが国においては、文書閲覧はほとんど認められていなかったので、「行政手続法」が、正式聴聞にかぎってであるが、文書閲覧をしかも手続参加者の権利として認めたことは画期的な意義をもっている。

「行政手続法」一八条一項によると、「当事者及び当該不利益処分がされた場合に自己の利益を害されることとなる参加人（……）は、聴聞の通知があった時から聴聞が終結する時までの間、行政庁に対し、当該事案についてした調査の結果に係る調書その他の当該不利益処分の原因となる事実を証する資料の閲覧を求めることができる。」

この文書閲覧制度の特色を、後述の情報公開制度と比較して整理すると次のようになる。

① 文書閲覧制度は、何よりも、行政が保有・管理する情報の開示の制度である。この点は、情報公開制度と異ならない。

② ただ、文書閲覧制度は、特定不利益処分について行われる正式聴聞においてのみ認められている。後述のような制約と相まって、「行政手続法」上の文書閲覧の制度は、正式聴聞の制度の付属物という色彩が強い。この点は、独立の制度である情報公開制度とは異なる。

なお、立法論としては、不利益処分一般について、つまり弁明手続にも文書閲覧を認めることも考えられたところである。[1] ただ、前述のように、わが国の事前手続においては従来文書閲覧制度はほとんど設けられていなかったから、さしあたりこれを正式聴聞にかぎって認めたことはやむをえないかもしれない。

③ 前述のように、文書閲覧は特定不利益処分についての正式聴聞との関係で認められており、正式聴聞は当事者等の権利保護を目的とする主観的な権利保護手続であるから、これに対応して、文書閲覧制度も当事者等の権利保護を目的とする主観的な制度である（当事者等という表現を用いるが、⑤で述べるように、文書閲覧を認められる参加人には限定がある）。この点は、後述のように、情報公開制度と異なるところである。

④　前述のように、「行政手続法」は、情報の開示の制度として、文書閲覧制度の他に、事前通知、聴聞期日における冒頭説明および理由提示の各制度をおいているが、前二者は予定される処分の内容、処分の根拠となる法令の条項および処分の原因となる事実を開示するものであり、後者は処分の理由を開示するものである。これに対して、文書閲覧制度は、「当該事案についてした調査の結果に係る調書その他の当該不利益処分の原因となる事実を証する資料」すなわち証拠を開示する制度である。この点において、文書閲覧制度は、「行政手続法」上の他の情報開示の制度とは異なるとともに、情報公開制度と共通するところがある。いずれも、文書を開示の対象とするものであるからである。

文書閲覧制度は、「当該不利益処分の原因となる事実を証する」証拠を開示する制度であるが、その目的は、正式聴聞手続に参加する当事者等が聴聞期日において有効な主張・立証をすることができるようにすることである。文書閲覧制度は、証拠の開示を、当事者等の請求に基づいて行うというところに一つの特徴をもっている。

⑤　文書閲覧制度は正式聴聞手続の一環であるから、文書閲覧請求権を認められるのは、正式聴聞への参加を認められる者つまり当事者および参加人だけである。ただ、「行政手続法」では、全ての参加人に文書閲覧請求権が認められているわけではなく、「当該不利益処分がされた場合に自己の利益を害されることとなる参加人」つまり当事者と同方向の利害関係を有する参加人にのみ文書閲覧請求権が認められている。他方、情報公開制度にはこのような限定はない。

⑥　当事者等は、文書閲覧請求権をもつことになるが、これは、当事者等がもつ四つの権利（三〇二頁を参照）の一つである。他の三つの権利と異なる点は、その行使の場が聴聞期日に限定されていないということである。すなわち、文書閲覧は、「聴聞の通知があった時から聴聞が終結する時までの間」に、行うことができる。

⑦　もっとも、この「聴聞の通知があった時から聴聞が終結する時までの間」という時間は、前述の文書閲覧制度の目的からみると十分とはいえない。事前通知と正式聴聞期日の間の時間が前述のように（三〇二頁）、一～二週間であり、そして、聴聞そのものはせいぜい数日で終わるとすると、閲覧請求権を行使できるのは一～二週間と少し程度ということになる。これは、文書閲覧請求権の行使のための時間としてはいかにも短いと思われる。

また、文書閲覧制度を正式聴聞制度の枠内でのみ認めるという立場に立っても、文書閲覧の認められる時間を「聴聞が終結する時まで」とするのではなく、「処分が行われるまで」と定めることも考えられたところである。

このように、「行政手続法」による文書閲覧請求権行使の時間的制約は厳格であるが、続行期日の指定の制度（前述、三〇五頁）を使うことによりその緩和を図ることが可能である。

⑧　「行政手続法」は、閲覧請求の対象を「当該事案についてした調査の結果に係る調書その他の当該不利益処分の原因となる事実を証する資料」と定めている。情報公開制度においては、審議検討情報（意思形成過程情報）公開の対象とされないのが通例であるが、文書閲覧制度においては、その対象は右の規定によって決まるから、この意思形成過程情報たる文書も閲覧の対象になると思われる。また、この種の文書を閲覧請求の対象から除外すると、行政処分の事前手続の一環としての文書閲覧制度の意義が大きくそこなわれることになってしまう。この点には、情報公開制度にはない文書閲覧制度の奥行きの深さがみられる。

⑨　文書閲覧における開示は、その目的に照らすと、公開ではなく、閲覧請求人およびせいぜい利害関係人に対する開示にとどまることになる。

⑩　「行政手続法」一八条一項後段は、「第三者の利益を害するおそれがあるときその他正当な理由があるときでなければ、その閲覧を拒むことができない」と定めている。この規定は、閲覧拒否の理由を限定することによって、閲

覧請求の権利性を強化するとともに、「正当な理由」があれば閲覧を拒否することを許しているのである。

2　会議・会議録の公開制

行政決定に関わる会議を公開すること（ここでいう公開とは、国民一般への公開ではなく、当該行政決定に利害関係を有する者への「公開」を意味する。正確な用語法ではないが、他に適切な表現も見当たらないので、公開の語を用いておく）は、行政手続の適正化のための一つの仕組みということができる。これが問題となるのは、当然のことながら、合議制の行政機関である行政委員会や審議会である。すなわち、行政委員会が何らかの決定を行う場合や審議会が答申のための意思決定を行う場合に、会議の公開が問題になる。

もっとも、会議の公開は、現在、行政決定の事前手続の一環としてよりは、公益的・民主主義的見地からの「行政の公開」制度の一環として進展しつつある（国につき、中央省庁等改革基本法三〇条五号。地方公共団体の教育委員会および収用委員会の公開につき、地方教育行政一三条六項、土地収用六二条・六六条一項。また、条例で「会議の公開」が定められていることもある）。

会議録の開示は、それが行政決定前に利害関係者に対して行われるのであれば、事前手続としての意味を持つ。会議の公開が認められている場合には、会議録の開示を拒むべき理由はないであろうし、また、会議の公開が認められていない場合でも、会議録の開示の余地がある。

しかし、会議録の開示は実際には情報公開制度を用いて行われている。この場合、行政決定前の会議録の公開は、会議録が不開示情報たる審議検討情報（意思形成過程情報）に当たるため、認められないことも少なくないであろう（なお、議事の要旨の公表を定める法律の規定も見られる。国土形成五条）。

（1） 文書閲覧制度の正式聴聞への限定につき、芝池「行政手続における文書開示」法学論叢一三四巻一号（一九九三）三頁参照。

第九節　命令等制定手続（行政立法手続）

1　命令制定手続の制度化

政省令などの命令の制定手続（行政立法手続と呼ぶこともできる）については、従来は「行政手続法」においては定められておらず、一般法による手続の保障が欠けていた（個別の法令で手続が定められている場合はあった。一一七頁を参照）。この不十分性を補うために「規制の設定又は改廃に係る意見提出手続」（パブリック・コメント手続）が閣議決定（一九九九年）で定められ、実施されてきたが、むろんこれは法律上の制度ではなく、命令制定手続ないし行政立法手続の制度化は一つの立法的課題であった（三二四〜三二五頁を参照）。二〇〇五年にいたり、「行政手続法」が改正され、その中に命令等の制定手続（「意見公募手続」）に関する規定が挿入されることによって（六章＝三八〜四五条）、この立法的課題が達成された（この規定は二〇〇六年四月一日から施行されている）[1]。

2　命令等制定手続の内容

(1) 命令等の制定手続である意見公募手続が適用される「命令等」とは、法律に基づく命令・規則（第一章第三節**3(3)**、九頁以下をも参照）、審査基準、処分基準（両者につき、第一七章第五節〔二九二頁以下〕を参照）および行政指導指

第一八章　情報公開

本章においては、近年注目を集めている情報公開制度について説明する。それは、国や地方公共団体が保有している行政文書を、国民・住民の請求に基づき開示（公開）する制度であり、機能的には行政活動の統制に資するものである。もっとも、この制度は、手続的なものということはできない（実体的なものでもない。あえていえば新しい次元のものである）が、便宜上、「行政活動の手続的統制」の編でそれについての説明を行うことにする。[1]

（1）　情報公開制度の整備はまず一九八〇年代から地方公共団体において行われ、一九九九年にようやく国において情報公開法が制定された。あらかじめ注意を要するのは、地方公共団体の情報公開条例と国の情報公開法との間では、用語法が必ずしも一致していないことである。本章では、情報公開法に基づく国の情報公開制度を主たる説明の対象にするので、用語法も同法に従うことにする。

第一節　情報公開制度の法的性質

1　情報公開制度の法的性質と法的根拠づけ

(1)　行政文書の開示のために用いることができる制度としては、文書閲覧（行手一八条）、書類閲覧（行審三三条二項）、文書提出命令（民訴二二一九条以下）、さらには個人情報保護制度における開示の制度（個人情報一二条）があるが、これらはいずれも、特定の者が特定の文書の開示を請求する制度である。すなわち、請求者が自己の権利利益を守るために当該文書の開示を必要とするという事情がなければならない。それ故、これらは国民・住民の権利利益を保護するための制度、換言すると主観法的な制度である（但し、個人情報保護制度はこのように割り切れないところがある）。

これに対し、情報公開制度は、原理的には、誰もが、国・地方公共団体の保有している行政文書全般について開示を請求することができる制度である。「自己の権利利益を保護するために当該文書の開示が必要である」という事情を必要としない。このように、情報公開制度は、権利利益の保護のための主観法的な制度ではなく、客観法的な制度である。また、このような制度が設けられているのは、行政文書を公けに開示することが国民による行政の統制という公共の利益の役に立つという認識に基づくもので、この点で、それは公益のための制度、民主主義のための制度である（もっとも、情報公開制度が請求者の権利保護のために用いられることも少なくない。この点については、本章第五節**1**、三四二頁以下で説明する）。

(2)　このような情報公開制度の根拠づけとして提唱されてきたのが、国民・住民の「知る権利」である。地方公共団体の条例には規定例があるが、国の情報公開法では、その制定に至る段階では議論はあったが、「知る権利」は定められていない。そこでは、「知る権利」に代えて、「国民主権の理念」と「政府の有するその諸活動を国民に説明する責務」（説明責任）がうたわれている（情公一条）[1]。

2　情報公開制度の基本的枠組み

情報公開制度においては、次の三重の無限定性または包括性が見られる。すなわち、開示請求権の主体の無限定性、開示対象文書の無限定性および開示方式の無限定性である。つまり、誰もが開示の請求権者であり、あらゆる行政文書が開示請求の対象であり、開示の方式は公開である。このような情報公開制度の三重の無限定性は、わが国の情報公開制度の骨格をなすものということができる。

(1)　情報公開法三条は、開示請求権者について、「何人も、……行政機関の長（……）に対し、当該行政機関の保有する行政文書の開示を請求することができる。」と定める。また、地方公共団体の情報公開条例では、住民一般に開示請求権が認められている。従って、わが国の情報公開制度においては、国民・住民一般について開示請求権が認められているわけである（なお、情報公開法では、外国に居住する外国人にも開示請求権を認めている。また、地方公共団体では、当該地方公共団体内に通勤・通学する者などについてまで開示請求権を認めることがある）。

(2)　開示請求の対象になる文書は、国・地方公共団体の行政機関が保有する文書全般である。情報公開制度を前述のように公益のための制度と理解すると、開示請求の対象となる文書をそのような目的にそうものに限定することも可能であるが、国・地方公共団体のいずれの情報公開制度においても、そのような限定は図られていない。ただ、開示請求対象文書をこのように広く認めると不都合が生じるおそれがあるので、開示対象文書が限定され、また、公開原則の例外として個人情報などの不開示情報が定められている（これらの点は第二節で後述する）。

(3)　情報公開制度において開示が認められる場合、実際には、行政機関が請求者に対して開示請求された行政文書を開示をするにとどまる。しかし、行政文書の開示をうけた者が他人にその内容を伝えあるいはコピーを閲覧させることは禁止されないし、行政機関としては、行政文書をある者に対して一旦開示すると、他の者に対しても非開示とすることはできない。これが情報公開制度における開示の意味である。つまり、開示は、法的には、公開としての意味をもっている。

（1）国民主権と説明責任のうち注目されているのは、説明責任である。この観念は、英語のアカウンタビリティの訳語といわれる。しかし、情報公開制度を一種の「説明」として捉えることは適切ではない。情報公開制度においては、相手方が理解できるかどうかを問わず、第一次情報（加工されていない生〔なま〕の情報）が開示され、その内容についての説明は法律・条例上は予定されていない。実際には、開示にあたって多少の説明は行われているようであるが、これは法律で命じられたものではない。情報公開制度は説明のための制度ではないのである。
　これに対し、患者に対する医師の説明や株主・消費者に対する企業の説明においても、情報の開示を伴うが（例えば、レントゲン写真の提示、貸借対照表の提示、成分表示など）、この情報の開示は、説明という目的のための手段であり（説明を目的とする情報開示＝説明的情報開示）、この情報開示において開示される情報は、説明という目的達成に有効なものでよいから、第一次情報である必要はなく、むしろ加工情報であることが望ましい場合もある。この説明的情報開示と対比すると、情報公開制度は非説明的情報開示と特徴づけることができる。

第二節　開示対象文書と不開示情報

開示請求権の主体についてはすでに述べたので、本節では、開示請求の対象になる文書および不開示情報について述べる。

1 開示対象文書

前述のように、情報公開制度における開示請求の対象は、行政機関が保有する全ての文書に及ぶ。ただ、地方公共団体の情報公開条例では、決裁または供覧を終えた文書に限定されるのが通例である（この他、都道府県では、公安委員会をいわゆる実施機関から外すことによって、都道府県警察の保有する文書を開示対象文書から外している）。これに対し、情報公開法は、二条二項において、「『行政文書』とは、行政機関の職員が職務上作成し、又は取得した文書、図画及び電磁的記録（……）であって、当該行政機関の職員が組織的に用いるものとして、当該行政機関が保有しているものをいう。」と定義し、いわゆる組織的利用文書を開示請求の対象にしている。決裁・供覧ずみの要件を取り除いているのである。

この行政文書の定義を分解すると、①行政機関の職員が職務上作成取得したものであること（作成取得基準という）、②当該行政機関の職員が組織的に用いるものであること（組織的利用基準という）、および③当該行政機関が保有しているものであること（保有基準という）、という三つの要素からなっている。

これらの三つの要素のうちこの定義の評価を高めているのは、とくに②の組織的利用基準である。供覧・決裁は必要ではなく要するに行政組織内部において組織的に用いられていれば、当該文書は情報公開の対象になるのであり、このことが積極的に評価されているのである。この点からすると、作成取得基準および保有基準は、組織的利用基準の前提または付随的なものとして第二義的な意味しかもたないようである。

しかし、情報公開の対象文書を画する上では、組織的利用基準よりも保有基準がむしろ重要な意味をもっているであろう。

両基準の関係を見ると、①行政機関における文書の組織的利用は、当該文書が当該行政機関によって保有されていることを前提とする。この意味で、保有基準の充足が組織的利用基準の充足の不可欠の前提である。②また、保有基準を充たす文書すなわち行政文書が保有している文書は、過去に利用されたものか、現在も利用されているか、将来利用の可能性があるかのいずれかであり、この意味で組織的利用基準を充たすものがほとんどであろう。行政機関が保有しながら、過去・現在・将来のいずれにおいても組織的に用いられない文書というのはそうあるものではない。

このように、情報公開法に基づく情報公開の対象文書を画する基準としては、保有性の基準が重要である（情公三条を参照）。

次に、作成取得基準とは、行政機関が当該文書を保有するに至った原因が、職員自らによる作成にあるのか、他者（他の行政機関、他の行政体、企業、個人など）からの取得にあるのかを問わないということを意味する。すなわち、行政機関が当該文書を保有するに至った経緯がいかなるものであったかを問わず、行政機関が保有する文書は情報公開の対象になるのである。

以上のような理解が成り立つとすると、情報公開制度とは、行政機関が保有している文書のその行政機関による開示の制度だということになる。その行政機関が当該文書を保有するに至った経緯、換言すると、当該文書の作成者が誰であるか、取得方法がどうであったかを問わない。そして、行政機関が保有するに至った経緯を問わず行政機関の保有する情報が公開の対象になるという点に情報公開制度の一つの特質があるといえる。

なお、情報公開制度の適用をうける行政機関を限定すると開示対象文書も限定されるが、情報公開法は、各省庁の他、内閣官房、人事院、会計検査院などをもこの行政機関に含ませている（情公二条一項）[1]。

2 不開示情報

(1) 不開示情報

公開請求の対象になる行政文書は、まず以上のように限定される（国では保有文書、地方公共団ための原告適格が認められる（行訴九条一項）。そして、取消訴訟は権利保護のための主観法的な制度であるから、この「法律上の利益」は原告に固有のものでなければならず、国民・住民に広く認められるようなものであってはならない。他方、前述のように、情報公開制度は公益的・客観法的制度であり、権利保護の必要性がなくとも国民・住民に広く開示請求権を認めている。開示拒否決定は、公開請求をした者の固有の「法律上の利益」を侵害するものではなく、国民・住民全体の公開請求権の侵害ともいえる。

そこで、開示拒否決定があった場合、この取消訴訟の原告適格を根拠づける「法律上の利益」（の侵害）があるといえるかどうかが問題となる。裁判例の中には、この問題を消極的に解するものもあるが、むしろ積極的に解する裁判例が定着している（東京高判一九八四（昭五九）・一二・二〇）。

②　情報公開・個人情報保護審査会の審査においてはいわゆるインカメラ審理が認められており、このことが地方公共団体での同審査会の優れた実績の制度的基盤になっていることはすでに述べた。情報公開法もインカメラ方式を明文で認めている。これに対し、取消訴訟については、行政事件訴訟法はもちろん、情報公開法もこのインカメラ審理を認めていない。これは、憲法八二条の裁判の公開原則を尊重したためであろうが、このため、裁判所としては、開示請求の対象である行政文書の中身を見ることなく開示拒否決定の適法・違法を判断せざるを得ない。これは、情報公開・個人情報保護審査会での審査と比較すると、裁判所での審査の大きな制約である。

2　開示決定に対する救済

前述のように、行政機関の長が、個人および団体（第三者）に関する情報が記録されている行政文書についての開示・非開示の決定をしようとするときについては、意見書提出手続が定められており、また、当該第三者が開示に反対の意思を表示した場合にもかかわらず開示の決定をするときは、開示決定後直ちに当該第三者に開示決定をしたことなどを通知しなければならず、さらに、開示決定の日と開示を実施する日との間に少なくとも二週間をおかなければならない（情公一三条）。この二週間をおくことが要求されているのは、その間に、当該第三者が法的対抗措置をとることを可能にするためである。この法的対抗措置としては、不服申立および取消訴訟がある。これらについては、**1**で述べたことが当てはまる。

この意見書提出手続は地方公共団体については適用がない。地方公共団体としては、現行の制度のもとでは、国の行政機関の長による開示決定に対する取消訴訟が考え得る法的手段である。この点、地方公共団体の機関による開示決定に対する国の取消訴訟は、学説上は賛否両論あるが、裁判例上は不適法とされている（最判二〇〇一〔平一三〕・七・一三は、国の訴えが「法律上の争訟」に当たることを認めた上で、問題となった条例〔那覇市情報公開条例〕の規定が国の原告適格を認めていないとして、訴えを不適法なものとした）。

第五節　その他の問題

情報公開制度の運用については多くの問題があるが、本節では、そのうちの情報公開制度の基本的性格に関わる問題について簡単に説明する。

1　情報公開制度の権利保護目的の利用

情報公開制度の実際の運用においては、その本来の目的（本章第一節**1**(**1**)、三二九頁を参照）に合致した公開請求が行われることも少なくないが（例、地方公共団体の長の交際費の使途を示す文書の公開請求）、一定の情報につき、その利害関係人により、権利保護目的のために公開請求が行われることも少なくない。すなわち、ある行政決定が行われるべきか否かの争いにおいて、利害関係者が自らの権利保護のために関係情報の公開を請求することがある（例、開発許可や建築確認をめぐる争いにおける情報公開請求）。また、国や地方公共団体を相手方とする訴訟の当事者が自己に有利な証拠の取得のために情報公開を請求することがある。情報公開制度は、その本来の目的とは別に、行政決定をめぐり、その事前の手続の段階や事後の訴訟手続の段階で、利害関係人により権利保護目的のために用いられることがあるわけである。

権利保護目的のための情報開示制度としては、事前手続においては文書閲覧（行手一八条）、行政不服審査においては書類閲覧（行審三三条二項）、訴訟においては文書提出命令（民事訴訟二一九条以下）があるが、それらは、必ずしも十分なものではないこと（例えば、文書閲覧については、正式聴聞の場合に限定されるなどの制限がある。さらに、「行政手続法」施行前には、文書閲覧制度は皆無に等しかった。なお、行政訴訟における文書提出命令については、芝池・救済法八七頁以下を参照）が、情報公開制度の権利保護目的のための利用を促しているのであろう。他方、前述の情報公開制度の三重の無限定性ないし包括性（本章第一節**2**、三三〇～三三一頁を参照）がこのような利用を可能にしていると思われる。

この情報公開制度の権利保護目的のための利用については、その本来の目的からの逸脱として否定的に評価されるべきものではなく、むしろ肯定的に評価してよいであろう。わが国の情報公開制度は、もともと権利保護を一つの目的として形成されてきたという事情があるからである。(1)

2　個人情報についての本人の開示請求

個人に関する情報は不開示情報の最たるものである。では、この個人情報について、当該情報の本人が開示を請求した場合、この請求は認められるであろうか。このいわゆる本人開示の許否については、否定説と肯定説が対立している。

否定説は、個人情報が不開示情報とされている以上、本人に対してもその例外は認められないとするが、これに対し、肯定説によると、個人情報が不開示情報とされているのは個人のプライバシーの保護のためであり、個人情報を本人に開示してもプライバシーの侵害の問題は生じない（最判二〇〇一（平一三）・一二・一八は、条件付きで肯定説をとり、公開を請求した者の個人情報が記載されている診療報酬明細書〔レセプト〕の非公開が争われた事件において、個人情報保護制度が採用されていない状況においてはこれを公開しないことはできないと判示している）。

（1）このような評価をできる理由の詳細については、芝池「情報公開制度と権利保護」法律時報一九九一年一一月号九三頁以下を参照。

水戸地判 1985(昭60)・6・25行集36巻6号844頁＝判時1164号3頁……………………………81
東京地判 1985(昭60)・6・27行集36巻6号1063頁＝判時1162号45頁…………………………247
東京地判 1986(昭61)・12・11判時1218号58頁……………………………………………………248
大阪地堺支判 1987(昭62)・2・25判時1239号77頁………………………………………………266
大阪地判 1989(平元)・9・12行集40巻9号1190頁＝判時1345号63頁…………………………322
東京地判 1989(平元)・10・3判時平成2年2月15日号3頁………………………………………140
横浜地決 1989(平元)・12・8判タ717号220頁……………………………………………………199
大阪地判 1990(平2)・4・11判タ730号90頁………………………………………………………274
名古屋地決 1990(平2)・5・10判時1374号39頁……………………………………………………243
大阪地決 1990(平2)・8・29判時1371号122頁………………………………………………………221
京都地判 1991(平3)・2・5判時1387号43頁…………………………………………………………256
東京地判 1991(平3)・5・28行集42巻5号954頁＝判時1393号89頁……………………………141
大阪地判 1991(平3)・11・27判時1448号125頁………………………………………………………170
東京地判 1992(平4)・2・7判時平成4年4月25日号3頁…………………………………………257
東京地八王子支判 1992(平4)・12・9判時1465号106頁…………………………………………221
秋田地判 1993(平5)・4・23行集44巻4＝5号325頁＝判時1459号48頁……………………262
京都地判 1993(平5)・11・26判時1476号3頁………………………………………………………257
大阪地判 1994(平6)・4・27判時1515号116頁……………………………………………………58
新潟地判 1994(平6)・6・30判時7849号279頁……………………………………………………180
東京地判 1996(平8)・7・31判時1593号41頁………………………………………………………88
札幌地判 1997(平9)・3・27判時1598号33頁………………………………………………………85

仙台高判　1990（平２）・３・20行集41巻３号586頁＝判時1345号33頁……………………………74
大阪高判　1990（平２）・８・29行集41巻８号1426頁……………………………………………322
東京高判　1992（平４）・４・15行集43巻４号632頁＝判時1423号75頁…………………………141
福岡高判　1992（平４）・10・26行集43巻10号1319頁………………………………………………88
福岡高判　1993（平５）・６・29行集44巻６＝７号514頁＝判時1477号32頁………………………236
大阪高判　1993（平５）・10・５判例自治124号50頁…………………………………………………256
大阪高判　1996（平８）・11・26判時1609号150頁……………………………………………………144

〔地方裁判所〕

福岡地判　1950（昭25）・４・18行集１巻４号581頁…………………………………………………242
東京地判　1961（昭36）・２・21行集12巻２号204頁＝判時256号23頁……………………………160
東京地判　1963（昭38）・７・29行集14巻７号1316頁＝判時342号４頁……………………………213
東京地判　1963（昭38）・９・18行集14巻９号1666頁＝判時349号12頁…………………58, 87, 283
東京地判　1963（昭38）・12・25行集14巻12号2255頁＝判時361号16頁…………58, 96, 130, 283, 302
東京地判　1965（昭40）・５・26行集16巻６号1033頁＝判時411号29頁………………………………60
東京地判　1966（昭41）・６・30行集17巻６号725頁＝判時450号６頁………………………………32, 33
熊本地玉名支判　1969（昭44）・４・30判時574号60頁…………………………………………………62
大阪地判　1969（昭44）・５・24行集20巻５＝６号675頁………………………………………………88
東京地判　1969（昭44）・７・８行集20巻７号842頁＝判時560号６頁………………………………82
岐阜地判　1969（昭44）・11・27判時600号100頁……………………………………………………207
東京地判　1970（昭45）・７・17行集21巻７号別冊１頁＝判時604号29頁…………………………140
東京地判　1971（昭46）・４・17訟月18巻３号360頁…………………………………………………87
東京地判　1972（昭47）・12・25行集23巻12号946頁＝判時690号17頁………………………………77
札幌地判　1974（昭49）・３・18行集25巻３号158頁＝判時734号12頁………………………………83
大阪地判　1974（昭49）・４・19判時740号３頁……………………………………………………79, 206
浦和地判　1974（昭49）・12・11行集25巻12号1546頁＝判時774号48頁………………………302, 304
東京地八王子支決　1975（昭50）・12・８判時803号18頁……………………………………………221
大阪地判　1975（昭50）・12・25判時808号99頁…………………………………………………104, 105
東京地判　1976（昭51）・８・23判時826号20頁……………………………………………………256, 263
東京地判　1977（昭52）・６・27判時854号30頁……………………………………………………180, 182
名古屋地判　1978（昭53）・１・18行集29巻１号１頁＝判時893号25頁……………………………248
金沢地判　1978（昭53）・３・１判時879号26頁…………………………………………………………84
東京地判　1978（昭53）・６・26行集29巻６号1197頁………………………………………………186
福岡地判　1978（昭53）・11・14判時910号33頁……………………………………………………180, 257
大阪地判　1979（昭54）・７・31判時950号241頁…………………………………………………………84
大阪地判　1979（昭54）・８・27行集30巻８号1424頁＝判時958号46頁……………………………171
大阪地判　1980（昭55）・３・19行集31巻３号483頁＝判時969号24頁………………302, 304, 322
高知地判　1982（昭57）・６・10判時1067号114頁…………………………………………………………62
東京地判　1982（昭57）・９・22行集33巻９号1846頁＝判時1055号20頁…………………………171
東京地判　1984（昭59）・３・29行集35巻４号476頁＝判時1109号132頁…………………………299
大阪地判　1984（昭59）・７・19行集35巻７号986頁＝判時1135号40頁………………………………83
福島地判　1984（昭59）・７・23行集35巻７号995頁＝判時1124号34頁……………………………73, 81
熊本地判　1985（昭60）・３・28判時1163号58頁………………………………………………………170

事項索引

《事項索引の作成の方針》

1） 行政法上の重要語句のほか，裁判例の事件名を入れた。有名事件の掲載箇所は，判例索引ではなく，この事項索引の方から検索していただきたい。

2） 建築確認などの行政法各論上の用語であるが，本書でもしばしば言及されているものも入っている。

3） さらに，違法性の承継・特別権力関係・比例原則のように，本書ではとくに取り上げて説明していない語句は意識的に拾った。各掲載箇所をまとめて読んでいただければそれぞれの語句の意味をかなりの程度理解していただけるはずである。

4） 行政救済法上の語句もリストアップした。行政法総論と行政救済法との関係づけをするためである。

ア 行

足立区新医師会設立不許可事件………74, 130
荒尾市住宅団地事件…………………………62
荒川民商事件………………………………273
委員会規則……………………………………10
家永教科書検定訴訟………………57, 118, 140
伊方原発訴訟…………………………73, 74, 88
意見公募手続…………………………286, 324
意見書提出(手続,方式)…234, **272**, 297, 310, 340
意見陳述権…………………………………304
意見の聴取…………………………………297
意思形成過程情報………………317, 318, 333
一斉検問………………………………………57
一般処分……………………………………126
一般的（な）行政手続法……………284, 324
一般的事実…………………………………304
一般的調査…………………………………268
委　任………………………………………102
委任条例……………………………………113
委任命令……………………………………115
違法性…………………………………154, 166
——の承継……………………148, 157, 205
インカメラ審理………………………339, 340
ヴォーン=インデックス…………………339
営造物…………………………………………26, 40
営造物利用規則……………………………121
「エホバの証人」剣道実技拒否事件…………85
大阪・阿倍野市街地再開発事業計画取消
　請求事件…………………………………236

カ 行

概括的授権………………………………48, 51
外観上一見明白説…………………………158
会議の公開…………………………………318
会議録の開示………………………………318
戒　告…………………………………197, 204
開示対象文書………………………………331
解釈基準……………………………………296
解除条件……………………………………186
開発協定……………………………………241
開発協力金…………………………………266
開発負担金…………………………………266
学習指導要領…………………………………15
確定期限……………………………………186
確　認…………………………131, 153, 173
確認訴訟…………………………35, 213, 237
過失処罰……………………………………217
下　命…………………………………127, 134
過　料…………………………197, 215, 219
川崎民商事件………………………………273
環境基準………………………………………15
勧　告…………………………109, 254, 255
監査機関………………………………………93

監　視……………………………………………101
慣習法……………………………………………11
官制大権…………………………………………42
完全全部留保説……………………………**46**, 48, 53
ガントレット事件…………………………………158
管理関係……………………………………24, 27
菊田医師事件………………………………78, 176
議決機関…………………………………………93
期　限……………………………………………185
規制規範…………………………………16, 52, 58
規制的（行政）指導…………………53, **253**, 256
規制の設定又は改廃に係る意見提出手続
……………………………………………………319
規制法……………………………………………49
規　則……………………………………10, 319
羈束行為…………………………………74, 192
羈束裁量（行為）…………………**74**, 130, 189
規則制定権………………………………………95
機能的付款論……………………………………191
基本計画…………………………………226, 236
義務解除行為……………………………………128
義務賦課行為……………………………127, 132
客観的明白説……………………………………160
救済法……………………………………………15
給付行政……………………………………44, 56
給付の拒否………………………………………220
教科書検定……………………………57, 118, 128
競願事件…………………………………………301
協　議……………………………………………109
強行規範…………………………………………16
行　政
　形式的意味での――…………………………2
行政委員会…………10, **95**, 107, 134, 318, 338
行政改革…………………………………………55
行政機関……………………………………54, 90, **92**
行政規則…………………………………………118
行政強制…………………………………………208
行政計画……………………………………64, 71, 224
　――(作定）手続…………………234, 278, 324
行政刑罰…………………………………………216
行政契約…………………………………………238
行政行為……………………………70, 122, 238
　――の効力……………………………………145
　――の成立……………………………………141
　――の訂正……………………………………167
　――の撤回……………………………………174
　形式的――　→　形式的行政処分
　実質的――……………………………………135
　準法律行為的――………………131, 190, 204
　第三者効を有する――…………………………134
　当然無効の――…………………………………154
　取消可能な――…………………………………154
　二重効果的――…………134, **140**, 144, 168
　法律行為的――…………………………………131
行政財産…………………6, 135, 178, 184, 241
行政裁判所（制度）…………42, 44, 157, 163
行政裁量　→　裁量
強制執行…………148, 151, 187, **196**, 208, 210
行政指導…………………………53, **250**, 265, 326
行政指導指針……………………………261, 319
行政主体　→　行政体
行政上の強制執行　→　強制執行
行政上の強制徴収　→　強制徴収
行政上の制裁　→　制裁
行政上の即時強制　→　即時強制
行政上の代執行　→　代執行
行政上の秩序罰　→　秩序罰
行政上の直接強制　→　直接強制
行政上の法関係……………………………21, 29
行政処分…………………………122, 123, 326
　形式的――…………29, 47, **135**, 240, **247**
行政審判……………………………………134, 298
行政組織…………………………………………90
行政体……………………………………2, 5, 90
行政庁……………………………………54, **92**, 125
強制調査…………………………………………268
行政調査…………………………………………267
強制徴収……………………………………**198**, 219
行政手続…………………………………………276
　――の適正化……………………………………281
行政の計画化……………………………………227
行政罰……………………………………187, **214**
行政法……………………………………………2, 19
行政立法……………………………………70, 112
　――手続…………278, 286, 298, 319, 324
京都・旭丘中学事件……………………………322

京都府立医科大学事件……………………………81
許　可………………………………**128**, 132, 133
拒否処分………………… 133, 191, 300, 311, 325
緊急勅令……………………………… 41, 45, 114
禁　止……………………………………**127**, 134
金銭納付義務………………………… 198, 202
釧路市工場誘致条例廃止事件………………63
クロロキン薬害訴訟………………………… 180
群馬中央バス事件…58, 77, 96, 130, 283, 302, 322
訓　令…………………………………………99
計画行政…………………………………… 225
計画法……………………………………… 225
計画法的付款……………………… 191, 193
警察許可……………………………………75, 128
警察情報…………………………………… 333
形式説……………………………………… 75, 79
形式的確定力……………………………… 152
刑事罰……………………………………… 214
形成的行為………………………………… 139
刑　罰……………………………………… 215
契約基準………………………………………15
権　限…………………………………………97
——の委任……………………………… 102
——の代行……………………………… 102
——の代理……………………………… 105
権限行使の監督………………………………98
権限争議…………………………………… 101
権限分配の原則……**98**, 101, 102, 106, 150, 174
原告適格…………………………… 307, 308, 340
原状回復請求訴訟………………………… 213
原子炉設置許可……………………81, 312, 325
建築確認………70, 132, 134, 140, 236, 265, 325
——の留保……………………………… 260, 265
憲　法……………………………… 3, 9, 13, 58
権利保護手続
……………………**278**, 286, 287, 309, 314, 324
権力関係………………………………………29
権力作用留保説………………… 46, 47, 52, 56
権力分立制……………………………………38
行為裁量………………………… 72, 77, 190, 192
公益発見手続……………………………… 324
公開の利益………………………………… 335
公害防止協定…………239, **241**, 243, 245, 248
効果裁量　→　行為裁量
効果裁量説　→　実質量
公企業……………………………………… 129
合議制行政機関……………………**94**, 107, 298
公共組合…………………………………………5
公行政……………………………………… 242
非権力的——…………………… 46, 48, 255
公行政留保説…………………………………46
公共用地の取得に伴う損失補償基準要綱
…………………………………………… 245, 264
抗告訴訟………………………………………34
公　示…………………………………… 144, 301
公証（行為）………………………………132, 139
公正化・透明化手続　→　公正手続
公正手続…………………………………… 279
拘束的計画…………………………**226**, 229, 235
拘束力……………………………………… 146
公聴会……………117, 234, 269, 296, **297**, 301,
307, 308, 309, 320, 325
交通事件即決裁判手続…………………… 217
公定力……………… 125, **146**, 153, 156, 158, 206
公　表……………………………**220**, 252, 265, 292
公　物…………………………………………26
神戸全税関事件……………………………78, 84
公　法………………………………… 2, 6, 7, 19
——と私法…………………………………19
公法関係………………………………… 20, 23
公法契約……………………………… 239, 242
公法上の当事者訴訟……………21, 25, 34, 239
公法上の不当利得……………………………32
公務員…………………………………………90
公有水面埋立免許……70, 77, 81, 129, 301, 325
公用負担契約……………………………240, 243
考慮事項…………………………………232, 270
普遍的——……………………………… 233
告　示………………………………………**14**, 117
国勢調査…………………………………268, 274
告　知……………………………… 138, 141, 143
ココム訴訟……………………………………82
個人情報…………… 269, 270, 272, 333, 334, 342
個人タクシー事件…………58, 77, 87, 283, 322
個別事情考慮義務………………………… 295
個別的授権……………………………………48

個別的調査……268
根拠規範……16
コンドルデリンジャー事件……256, 263

サ　行

裁　量……**68**, 81, 190
――の踰越……81
――の濫用……81
裁量基準……15, **86**, **120**, 292, 296
裁量的開示……334, 335
差止訴訟……213
作用法……15, 56
作用法的授権……49
猿払事件……116
参加手続……**278**, 283, 286, 287, 309
参加人……301, 303, 307, 316
参与機関……93, 96
指揮監督（権）……95, **98**, 103, 106, 303
指揮監督の原則……98
私行政……242
事業認定……70, 77, 85, 132, 146
私経済行政……242
事後手続……277
指　示……125, 252
事実審型聴聞……298
自主法……10
事情裁決……166, 171, 173
事情判決……166, 171, 173
事前通知……301, 314
自然的正義……276
事前手続……277
自治事務……10, 14
執行機関……54, 92, 95
執行停止……206
執行罰……**197**, 200, 204, 214
執行命令……115
執行力……125, **151**, 201
実施計画……226, 236
実質説……**75**, 79, 128
実質的確定力……152
実質的証拠法則……299
実体法……16
質問（権）……303
指定代理……105
私法関係……20, 23
私法上の契約……239, 242
司法的強制……154, 196, 199, 201, 207
事務の委託……240, 241, 243
諮問機関……93, 96, 338
社会保障受給権……130
社会留保説……56
自由裁量（行為）……**74**, 76, 130, 189
修正侵害留保説……**46**, 47, 56, 257
重大説……163
重大明白説……158
住民自治……67
住民訴訟……248
授益的（行政）行為
……**134**, 140, 168, 176, 185, 301
――の撤回……176, 182
授益的指導……253, 256
授権規範……16, 49
受　理……**133**, 135, 137, 138, **143**
準立法的権限……95
消極行政……56
条　件……186
証拠提出権……305
情報管理行政……268
情報公開・個人情報保護審査会……337
情報公開制度……**327**
情報の開示……301, 302, 303, 314, 316
証　明……132
条　約……11
条理（法）……**12**, 75, 81, 83
条　例……**10**, 203, 216, 219
条例事項……55
条例制定権……10
職能分離……309
職務命令……99
助成的（行政）指導……253, 256
職権取消……155, **166**, 175, 300
処　分　→　行政処分
処分基準……119, 120, **292**, 319
処分原因事実……301, 313
自力執行……196
自力執行力　→　執行力

《著者紹介》

芝池　義一（しばいけ　よしかず）

1945年　和歌山県に生れる
1969年　京都大学法学部卒業
現　在　京都大学大学院法学研究科教授
主　著　市民生活と行政法（補訂版，放送大学教育振興会，2005年）
　　　　行政救済法講義〔第3版〕（有斐閣，2006年）
　　　　判例行政法入門〔第4版増補版〕（編，有斐閣，2008年）

行政法総論講義〔第4版補訂版〕

1992年10月20日　初版第1刷発行
1994年12月10日　第2版第1刷発行
1998年12月20日　第3版第1刷発行
1999年12月20日　第3版増補第1刷発行
2001年12月20日　第4版第1刷発行
2006年10月10日　第4版補訂版第1刷発行
2013年2月25日　第4版補訂版第5刷発行

著者　芝池義一

発行者　江草貞治

発行所　株式会社　有斐閣
東京都千代田区神田神保町2-17
電話（03）3264-1314〔編集〕
（03）3265-6811〔営業〕
郵便番号101-0051
http://www.yuhikaku.co.jp/

印刷・製本　共同印刷工業株式会社

ISBN 4-641-13005-1